KB103939

리스크 인텔리전스 경영연구원

ERM·ESG 경영, 리질리언스 R&D 센터

Risk Intelligence & Resilience Lab

[속도를 더하는 ESG] 세계의 흐름을 따르지 않는 것이 리스크

후마 겐지 (Fuma Kenji)

「환경 · 사회 · 지배구조 – 확실히 ESG 의 중요성은 앞으로 계속될 것입니다 !」

ESG 는 원래 1992 년 유엔환경개발회의에서 지속가능성이 논의에 오른 것이 뿌리입니다 . 그로부터 30 년이 지났지만 세계적으로 지속가능성에 대한 논의는 계속되고 있고 , 기업이나 금융기관 , 투자자들이 이해를 깊게 해 왔습니다 .「ESG」 의 중요성이 높아진 전환점은 2006 년 유엔이 책임투자원칙 (PRI) 을 주창하면서 투자자에게 ESG 를 고려한 장기적 관점에 따른 투자 행동을 요구한 것입니다 .

ESG 는 일시적인 붐이 아닌 지속 가능한 경영 전략

이후 리먼 사태 (글로벌 금융위기), 유럽 채무 위기 , 동일본 대지진 , 브렉시트 , 그리고 가장 최근 코로나 19 팬데믹 , 우크라이나 전쟁이 있었지만 일관되게 ESG 의 기운은 높아만 가고 있습니다 . 나아가 이런 중대 국면을 맞을 때마다 시대가 크게 변화하고 있다는 것이 경영자와 투자자들 사이에서 인식되면서 ESG 는 가속화되고 있습니다 . 일본도 마찬가지지만 ESG 가 일시적인 붐처럼 포착되는 것은 최근에 그 중요함을 이해하는 사람이 늘어 왔기 때문이지 단순한 트랜드라고 보고 있지 않습니다 .

한국 경제계 역시 2019 년경부터 급속히 ESG 가 확산되고 있습니다 . 10 대 그룹을 중심으로 글로벌 규모로 사업을 전개하고 있으며 세계에서 일어나고 있는 ESG 의 흐름의 영향을 강하게 받고 있습니다 . 2021 년까지 사내에 ESG 위원회와 전문 조직이 창설되고 ESG 를 바탕으로 한 장기 전략도 잇따라 발표됐습니다 . 정보공개에서도 2025 년부터 자산 2 조원이상 기업이 , 2030 년부터는 거래소의 모든 상장사 대상 ESG 공시가 의무화 되었습니다 .

결국 본서에서도 소개하고 있듯이 대기업의 변화는 공급망 (supply chain)

을 통해서 모든 기업에 영향을 미쳐 갑니다 . 이러한 변화를 빨리 파악하고 조금이라도 빨리 대책을 강구해 나가는 것이 한국 , 일본 모두에 있어 기업 경영에 더욱 중요해지고 있다고 봅니다 .

' 장기적 관점 ' 을 기업의 의사 결정에 반영해야

적어도 기업의 경우 'ESG 에 대응하지 않으면 ' 과 같이 대응을 강요당하고 있는 느낌으로 ESG 경영에 임한다면 확실히 실패할 것입니다 . 왜냐하면 ESG 는 지금 하고 있는 것의 연장선상에 덧붙이는 것이 아니기 때문입니다 . 환경 , 사회 , 거버넌스의 본연의 자세가 변화하는 가운데 어떻게 자사의 비즈니스를 재정립할 것인지가 ESG 의 본질입니다 .

뭔가 새로운 일을 하려고 생각하는 것이 아니라 , 먼저 발밑을 보아야 합니다 . 특히 G(지배구조) 를 의식하는 기업이 많은데 물론 위기관리 , 리스크관리 대책 역시 중요하지만 거버넌스의 가장 큰 주제는 ' 장기적인 관점 ' 을 기업의 의사결정에 반영하는것 입니다 . 아무것도 하지 않으면 기업은 단기적인 이해에 얽매여 오히려 기업의 지속가능성을 해치는 의사결정을 내리고 이는 결국 기업 리스크와 위기로 연결됩니다 .2050 탄소중립 , 글로벌 공급망 위기 시대에 ESG 에 대한 고민은 한국과 일본이 크게 다르지 않을 것으로 생각됩니다 . 모쪼록 이 책이 ESG 에 대한 이해는 물론 고민 해결에 조금이라도 도움이 되기를 기원합니다 . 감사합니다 .

후마 겐지 夫馬 賢治

주식회사 뉴럴 (Neural Inc.) CEO. 지속가능한 경영과 ESG 투자 자문가이자 창업가이며 뉴스사이트 'Sustainable Japan' 편집장 , 일본 J 리그 특임이사이다 . 일본 환경성 , 농림수산성 , 후생노동성 전문가위원회 위원을 역임했고 CNN, NHK, 니혼 TV, FT, 니혼게이자이 신문 등 다양한 매체에 출연하며 일본 국내외에서 활발하게 ESG 전문가로서 강연 활동을 하고 있다 .『데이터로 알 수 있는 2030 년 지구의 경고』,『ESG 사고』,『초입문 카본 뉴트럴』 등 다수의 저서가 있다 .

모두가 전문가일 필요는 없지만, 누구나 쉽게 이해하고 동참할 수 있어야

김효석, 환경부 국립환경인재개발원장

중고등학교 교과서에도 나와 우리 모두가 잘 아는 용비어천가 제 2 장을 요즘 말로 번역하면 다음과 같습니다. "뿌리가 깊은 나무는 바람에 흔들리지 아니하므로, 꽃이 찬란하게 피고 열매가 많습니다. 샘이 깊은 물은 가뭄에도 끊이지 아니하므로 내를 이루어 바다로 흘러갑니다."

그렇습니다. 어떤 좋은 이념이나 제도라도 제대로 정착되어 모두의 삶에 긍정적 영향을 줄 수 있으려면 뿌리와 샘이 깊고 튼튼해야 합니다. 재작년부터 세계적으로 바람이 불어 누구나 한번은 다 들어본, 아니 이제는 각각의 글자가 무엇을 의미하는 정도는 모두 다 알게 된 ESG 가 있습니다. 초창기에는 모두들 "그게 과연 뭐지?" 라고 궁금해 하는 수준이었지만, 언론, 로펌, 금융사는 물론 일반 기업들까지 이제 ESG 라는 화두를 들고 나선 덕분에 이를 소개하는 기사나 책들도 꽤 많이 나와 있습니다.

모든 혁신이나 상품들이 다 그렇지만, 초기에는 그 필요성을 과장되게 어필하거나, 남보다 조금 먼저 언급했다는 것만으로도 전문가라고 인정받고 과한 관심을 받기도 합니다. 때문에 여러 웃지 못할 일들도 벌어졌는데, 기존에 다 있던 것들에 ESG 란 말만 갖다 붙이는 이른바 "ESG 워싱" 이 벌어지기도 했고, 신문기사 스크랩 수준의 자료들을 책으로 펴 내며 당장에 ESG 를 안 하면 큰일날 것처럼 말하는 공포 마케팅도 한동안 유행했습니다. 그러다가 모든 세상 일이 그렇듯이 때로는 경제사정 등 다른 이슈로 한동안 침체를 겪거나 이제 ESG 는 한물 간 것 아닌가 하는 반동이나 비판에 휩싸이기도 합니다.

그러나 무엇보다 중요한 것은 제대로 된 기반을 만드는 것, 다시 말해 보다 많은 사람이 팩트를 정확하게 알고, 무엇을 어떻게 해야할지 생각할 수 있고,

그것을 추진할 여건을 사회적 제도적으로 만들어 주는 것입니다 . 많은 사람이 맥락을 잘 이해하면 , 각자의 위치나 개별 비즈니스에서 ESG 과제들을 잘 찾아내서 실행할 수 있고 , 그러다보면 본궤도에 올라서 저절로 잘 굴러가며 성과를 내는 선순환이 되는 것입니다 .

제가 근무하는 환경부 국립환경인재개발원에서는 환경부 공무원과 타중앙부처 , 지자체 공무원과 공공기관을 대상으로 2021 년부터 탄소중립과 ESG에 대해 제대로 알리고자 다양한 전문가들과 함께 여러 교육과정을 개설하고 운영해 왔습니다 . 실제 강의도 한 꼭지 맡으면서 제가 늘 강조했던 것은 모든 혁신활동의 성패여부는 그 목표와 내용에 대해 Top 에서 Bottom 까지 구성원 모두가 맥락을 이해하고 작더라도 참여할 수 있어야 한다는 점이었습니다 . 모두가 전문가일 필요는 없지만 , 모두가 기본을 제대로 알아야 생명력이 긴 법이니까요 .

90 년대 PI, 2000 년대 초반 6 시그마 등 오랫동안 많은 혁신 프로젝트에 참여했었고 , 지금은 환경부 공무원과 전문인력 교육기관의 장이 된 저는 글로벌 기후위기와 연계된 탄소중립 추세로 ESG 가 대두되는 게 반갑습니다 . 하지만 , 모두가 전문가일 필요는 없다는 명제를 두고 보면 , ESG 를 이해하기 쉽게 설명해서 , 누구나 그 배경이 된 탄소중립에 대해 적극적으로 동참할 수 있도록 돕는 책을 만들 수는 없을까 하는 고민이 있었습니다 . 초등생 대상 학습만화처럼 이해하기 쉽게 , 그러나 깊이는 너무 얕지 않고 핵심을 쉽게 이해하고 오래 기억할 수 있는 단촐한 배경 설명과 사례 공유도 있어야 하겠다는 점이었습니다 .

전문인력을 대상으로 하는 교육 연구기관에 근무하는 특성상 국내외의 많은 책과 연구 보고서 등을 비교해서 살펴볼 기회가 많은 편입니다 . 미국쪽의 보고서와 책들은 다양하고 깊이 있는 사례들을 놀라울 정도로 많이 담고 있습니다 . 아마도 산학협력 등이 활성화되어있고 , 학자들이 깊이 있게 연구할 사회적 제도적 기반이 갖춰진 덕분이라고 생각합니다 .

유럽쪽 보고서와 책들은 이슈를 제기하고 , 공감을 극대화하는데 앞서 있습니다 . 일본쪽은 유럽과 미국의 주요 이슈나 학설들을 알기 쉽게 단순화하고 , 이를 도식화하여 제공하는데 특화된 저자나 연구자들이 많고 이를 선호하는 독자들이 많습니다 .

이러한 관점을 갖고 ESG 관련 책들을 살펴보던 중에 단연코 눈에 띄는 책이 이 책이었습니다 . “모두가 전문가일 필요는 없지만 , 누구나 쉽게 이해하고 동참할 수 있어야 한다 .” 거기에 딱 들어 맞는 책을 찾아 번역하게 되었고 , 이제 수년내 국내에서도 이에 걸맞는 실제 프렉티스들이 연구와 실행을 통해 나와주어야 할 때입니다 .

역자들은 각자의 영역에서 ESG 와 탄소중립 관련 나름의 역할을 하고 있는 사람들이란 자부심을 갖고 있습니다 . 2000 년대 초 국내 최초의 CSR 보고서 작성에 참여하는 등 오랫동안 기업 일선에서 환경업무를 맡았고 , 지금은 공무원으로 일하는 저로서는 오래 동안 기업 거버넌스와 비즈니스에 천착해 온 공동 역자들과 전작에 이어 연이어 일하게 되어 개인적으로는 무척 설레고 반가운 마음입니다 . 이제 여러 독자분들이 보다 쉽게 ESG 를 이해하고 가벼운 마음으로 실행에 동참하시길 기원합니다 . 이 책이 작은 등불이 되길 바랍니다 .

역자 . 김효석

환경부 국립환경인재개발원장으로 2050 탄소중립 , ESG 등 환경공무원 직무교육과 온실가스검증심사원 , 석면해체감리원 및 법정교육 등 민간인 환경 전문교육을 총괄하고 있다 . 삼성 SDI 와 두산그룹 지주부문에서 환경안전과 CSR 업무 등을 기획하고 운영했다 .

입문 수준을 뛰어넘는 ESG에 대한 거의 모든 이야기

박윤진, 한국상장회사협의회 부장

ESG 에 관심이 쏠리면서 갑자기 ESG 업무를 떠맡게된 (?) 실무자들이 많아졌습니다 . 부족하나마 이분들께 도움을 드리고자 저 역시 'ESG 입문과정' 에서 강의를 하고 있습니다 . 수강생들의 한결같은 하소연은 하나같이 ESG 책이나 교육 등이 너무 어렵다는 것입니다 . 그도 그럴 것이 , 외모만 보면 ESG 정보는 너무 복잡하고 까칠하게 보입니다 .

게다가 ESG 가 글로벌 이슈인 탓에 관련 자료는 거의 모두 영어로 되어 있습니다 . 생전 처음 보는 영어 약자로 구성된 수많은 ESG 정보공개표준들과 평가 기준들을 보고 있노라면 , 그 누구라도 충분히 주눅들만 합니다 . 저 역시 그랬습니다 .

역자들이 『ESG 101』을 번역해보자고 의기투합한 이유도 여기에 있습니다 . 『ESG 101』은 우리처럼 아직 ESG 가 생소한 일본의 기업 담당자 등을 위해 쓰여진 책입니다 . 이제 막 ESG 업무를 시작하려는 분들에게 ESG 를 쉽게 접근할 수 있도록 처음부터 설계되었습니다 . 그냥 쉽기만 한 것이 아닙니다 . 『ESG 101』은 독자 여러분께서 ESG 고수가 된 후에도 끊임없이 생각해야 할 ESG 의 기본 원칙과 철학 그리고 생각의 틀을 제공하고 있습니다 .

"ESG 란 도대체 어떤 건가요 ?" 라는 매우 기초적인 질문으로 시작해서 상장기업 등에게 큰 영향을 미치는 ESG 투자 및 ESG 정보공개표준 관련 최근 동향 그리고 ESG 경영시스템을 구체적으로 어떻게 구축해야 하는지 알려주는 ESG 선진 실천 사례까지 이 작고 얇은 책은 ESG 에 대한 거의 모든 걸 담고 있습니다 .

이 책의 원서 제목이 『ESG 超入門 (초입문)』 인 이유를 이제 좀 알 것 같습니다 . 저자는 입문 중에도 입문이라는 뜻인 처음 初 (초) 를 쓰지 않고 , 무엇을 딛고 뛰어넘는다는 의미인 超 (초) 를 썼습니다 . 이 책을 가볍게 읽다보면 , 독자 여러분께서도 어느새 입문 수준을 훌쩍 뛰어넘은 자신을 발견할 수 있으실 겁니다 .

제아무리 화려한 초고층 건물도 기본 골격이 약하면 무너질 수밖에 없습니다 . 『ESG 101』 은 독자 여러분의 화려한 ESG 커리어를 튼튼하게 지탱해줄 기초가 되어 줄 것입니다 .

역자의 어리석음과 게으름으로 번역이 매끄럽지 못한 부분에 대해선 언제든지 의견을 주시길 바랍니다 . 계속 공부하면서 더 좋은 책이 되도록 노력하겠습니다 .

항상 좋은 기회를 주시는 ESG 번역팀 모두와 이 책을 읽어주신 독자 여러분께 진심으로 감사드립니다 .

역자 : 박윤진

증권유관기관인 한국상장회사협의회에서만 23 년째 근무하고 있다 . 상장회사 감사제도 , IR(Investor Relations), 정책홍보 , 교육연수 등 실무를 수행하면서 , 최근에는 ESG 교육프로그램을 기획하고 상장회사 실무자를 대상으로 직접 강연하고 있다 . 철학박사과정을 수료하고 『철학하는 50 대는 미래가 두렵지 않다 (2021 세종도서 교양부문 선정도서)』 , 『벌레가 되어도 출근은 해야 해』 , 『M&A 와 투자 , 기업재편 가이드 (공저)』 를 썼다 . 『쉽게 이해하고 적용하는 ESG 투자와 경영』 (박영사 , 2022) 의 공역자이기도 하다 .

ESG 정보의 홍수 속에서 길라잡이가 될 지침서

윤진수, 한국기업지배구조원 사업본부장

우리 모두는 현재 'ESG 시대' 에 살고 있습니다 . 정부에서는 각 부처별로 저탄소 , 친환경 등 ESG 관련 정책을 수립하고 있으며 , 기업들은 앞다투어 지속가능보고서를 발간하면서 자사의 ESG 경영을 소개하기 바쁩니다 . 소비자들도 구매의사결정 과정에서 소위 착한기업으로 인식되는 기업의 제품 및 서비스에 높은 금액을 지불하면서도 구매함으로써 기업의 ESG 경영 활동을 지지하고 있습니다 .

이처럼 ESG 라는 이슈가 우리 사회 전반으로 확산되면서 ESG 에 대한 관심이 그 어느 때 보다 높은 상황이고 그에 발맞춰 국내에서도 ESG 경영 및 ESG 투자 등에 관한 많은 자료와 정보들이 쏟아져 나오고 있습니다 .

그러나 이처럼 넘쳐나는 정보 속에서 여전히 많은 사람들이 ESG 의 개념을 혼동하고 ESG 실천방안을 수립하는데 어려움을 호소하고 있는 것을 보면 , 우리가 ESG 라는 개념을 제대로 이해하고 있는지 되돌아봐야 하는게 아닌가 생각이 듭니다 .

그러한 점에서 이 책은 ESG 에 대한 개념을 다양한 도표 등을 통해 독자들이 최대한 이해하기 쉽게 풀어서 설명해주고 있기에 ESG 에 대한 올바른 이해를 정립하는데 매우 유용할 것으로 생각됩니다 . 또한 이 책에서는 다양한 기업 사례를 제시함으로써 ESG 경영을 도입하고자 하는 실무자 입장에서도 매우 유용할 수 있을 것입니다 .

최근 우크라이나 전쟁과 인플레이션 등으로 인해 국제 경제가 침체되면서 ESG 의 후퇴를 예견하는 목소리가 제기되고 있습니다 . 그러나 글로벌 시장에서 ESG 관련 무역장벽이 현실화되고 있으며 ESG 가 기업의 경쟁요소로 인식되고 있는 상황에서 ESG 는 더 이상 경제 여건에 따라 취사선택할 수 있는 차원의 문제가 아니게 되었습니다 . 오히려 이러한 어려운 여건 속에서 진정성을 갖고 ESG 를 도입하고 실효적으로 정착시키기 위한 노력을 기울일 때 국가나 기업의 경쟁력이 한 차원 더 높아질 수 있을 것이라고 생각됩니다 .

그러한 점에서 이 책은 독자들에게 현 시대의 패러다임이라 할 수 있는 ESG 에 대한 올바른 이해를 제공하고 실천방향을 제시하는 등대와 같은 역할을 할 수 있을 것으로 기대합니다 .

역자 . 윤진수

한국기업지배구조원 사업본부 본부장으로 ESG 평가 모형 제 · 개정 및 국내 기업의 ESG 평가를 총괄하고 있으며 , 국민연금을 비롯한 기관투자자를 대상으로 책임투자 자문을 담당하고 있다 .『쉽게 이해하고 적용하는 ESG 투자와 경영 (박영사 , 2022)』 역자

기업과 함께 사회 전체가 ESG를 이해하고 실천해 나가야

김정곤, 한국재난정보학회 재난기술연구소장

시간이 흐르고 난 다음에 21 세기 초반을 대표하는 단어를 사람들에게 꼽으라고 한다면 아마도 COVID-19 가 될 것 같습니다 . 그리고 21 세기 전체를 대표하는 단어는 지구 온난화와 기후변화가 되리라 감히 예상해 봅니다 .

오래전부터 전문가들은 인류의 미래에 지대한 영향을 미칠 수 있는 요소로서 핵전쟁이나 혜성충돌 , 초거대화산폭발 , 기후변화 등 자연재해를 지속적으로 언급해 왔습니다 . 어떤 것은 발생확률이 매우 낮거나 또 어떤 것은 소수의 의사결정자들이 나서서 원만한 타협을 하면 해결될 수 있는 문제도 있습니다 . 하지만 지구온난화와 기후변화의 문제는 좀처럼 해결될 기미를 보이지 않고 있습니다 . 또한 그 원인이 되는 화석연료에 의존한 인류의 에너지소비 시스템은 멈추는 방법을 모르는 폭주하는 기차와도 같습니다 .

현재 그 선두에는 기업이 서 있습니다 . 사실 기업의 창의적인 생산 활동 덕분에 인류가 지금과 같은 풍요로운 삶을 누리고 있는 것은 부정할 수 없습니다 . 그러나 어느 순간에 기업의 과도한 이윤추구 경향과 독점적 시장지배구조 형성 , 환경 파괴적인 행위들이 인류에게 부정적 영향을 미치기 시작했고 이제는 생산과 소비 구조를 혁신하지 않고서는 개선이 어려운 지경이 되었습니다 .

ESG 를 한마디로 정의 (규정) 하기는 어렵지만 현 시점에서 기업이 지켜야 할 유교적 덕목과 같은 사항을 정리한 것이라 정의하고 싶습니다 . 만약 기업의 판단에 따라서 ESG 를 실천하지 못한 경우에 기업은 도덕적인 지탄을 면하기 어렵고 주가가 추락하는 영향은 받겠지만 당장 시장에서 퇴출되지는 않습니다 . 사실 그 이유는 기업만 ESG 를 실천한다고 해서 인류가 당면한 문제가 모두 해결되지 않기 때문이며 , 기업과 함께 사회 전체가 ESG 를 이해하고 실천해 나아가야 하는 이유가 여기에 있습니다 .

이 책은 ESG 초심자나 실무자 모두에게 ESG 의 핵심 사항을 짧은 시간에 쉽게 이해하고 실무에 활용할 수 있게 해 줍니다 . 독자들은 특정 단어나 내용에 너무 집중하기 보다는 가벼운 마음으로 ESG 전체를 이해하겠다는 생각으로 읽는다면 분명히 큰 도움이 될 것으로 생각합니다 .

역자 . 김정곤

한국건설기술연구원 정보화연구부에서 근무를 하다가 일본으로 건너가 교토대학대학원에서 ICT 기술을 활용한 철골생산관리와 설계변경 대응 연구를 주제로 건축학 박사학위를 받았다 . 졸업 후 교토대학교에서 건설 관련 사회시스템의 다양한 문제를 기술적 제도적 접근을 통해 합리적 해결 방안을 연구했으며 , 귀국 후 POSCO, 전자부품연구원 스마트센서연구센터에서 근무했고 , 현재는 방재관리연구센터 연구실장 및 한국재난정보학회 부설 재난기술연구소 소장을 맡고 있다 .

「모두를 위한 ESG 수업」 이란 제목에 가장 걸맞는 책

김성현, 일본 게이오대학(慶應義塾) 종합정책학부

일본 게이오 대학에 재학 중인 학생으로 이 책의 번역 작업에 참여하게 된 것은 저에게 큰 기쁨입니다 . 지난해 ESG 와 관련한 세미나에 참여하며 관련 연구를 수행한 경험이 이 책의 번역에 큰 도움이 되었습니다 . 흔쾌히 원서를 분석하고 공동 번역 작업 참여를 허락해주신 역자님들께 이자리를 빌어 감사의 말씀을 드립니다 .

국가별로 ESG 를 받아들이는 사회적인 온도차가 있는 것 같습니다 . 한국과 일본만 비교하더라도 일본은 한국보다 앞서서 ESG 를 준비해 왔고 그간 관련 연구나 서적도 다양하게 출간되어 있습니다 . 하지만 최근에 와서 일본에서는 기업들이 ESG 에 속도를 붙여서 진행하거나 국가가 나서서 강제화하고 있지는 않는 상황입니다 . 일본보다 더 열심히 ESG 실행과 추진이 진행중인 한국에서 매우 좋은 ESG 실천 사례가 많아지고 있는 가운데 , 특히 이 책에서 소개하는 일본 기업의 사례는 적절한 참고 자료가 될 수 있을 것으로 봅니다 .

처음 이 책을 접했을 때나 번역을 마감할 때도 같은 느낌이었지만 , 책을 읽는 누구나 빠르고 쉽게 그리고 충분히 핵심 내용을 이해할 수 있도록 작성되었으며 , 감히 「모두를 위한 ESG 수업」 이란 부제가 걸맞는 책이라고 독자 여러분께 강력히 추천하고 싶습니다 .

역자 . 김성현

MZ 세대를 대표하는 2000 년생으로 경기여자고등학교를 졸업하고 현재 일본 사학 명문 게이오대학교 종합정책학부에 재학중이다 .

[유니레버의 교훈] ESG, 그리고 오늘날 기업에 필요한 6가지 회복탄력성

류종기, UNIST 도시환경공학과 겸임교수

180 개국에서 비즈니스를 하고 매일 20 억 명의 소비자 접점에 있는 소비재 부문 글로벌 기업 유니레버는 온갖 위기의 최전선에 선 경험이 많습니다 . 이 책 Part 4 의 " 적극적 「ESG 경영」 이 가져오는 세 가지 장점 "(82 페이지) 에서도 유니레버와 회사를 10 년간 이끈 CEO 폴 폴먼이 소개되고 있습니다 .

전대 미문의 팬데믹을 겪는 기간 중에도 ESG 모범 기업으로 자주 소개되고 평가받고 있는 유니레버가 우리 모두에게 전하는 「**오늘날 기업에 필요한 6 가지 회복탄력성**」 교훈을 독자분들과 공유하고 싶어서 역자 후기로 갈음하고자 합니다 . 이제 「글로벌 공급망」 , 「회복탄력성」 과 같은 단어는 코로나 19 기간 중 가장 많이 회자된 용어이기도 하고 그 뜻을 따로 설명하지 않아도 무엇을 의미하는지 우리 모두는 잘 알고 있습니다 .

유니레버의 전략적 ESG 경영 행보를 든든하게 뒷받침해주는 회복탄력성 (Resilience) 은 전통적 형태의 회복탄력성 (재무적 유연성 , 포트폴리오 다양성 , 조직의 민첩성) 그리고 ESG 가 고려된 새로운 형태의 회복탄력성 (목적 , 신뢰 , 이해관계자에 의해 주도되는) 과 같이 총 6 가지 형태로 구분할 수 있는데 , 특히 기업에게 이러한 전략 방향은 많은 도움이 되리라 생각됩니다 .

첫째 , **재무적 유연성**입니다 . 2009 년 폴먼이 유니레버 CEO 로 취임했을 때 회사는 정체 상태였습니다 . 수익은 하락하고 , 주식은 10 년 이상 제자리 걸음이고 , 회사의 미래 투자는 제한적이었고 재무적 회복탄력성이 거의 없는 상태였습니다 . 폴먼은 확실하면서도 달성 가능한 성장 목표를 설정하고 품질 개선과 경쟁력 유지를 위해 인력 , 브랜드 , R&D, 제조에 대한 투자를 늘렸습니다 . 7 년 후 수익은 33% 증가한 600 억 달러를 기록했고 유니레버 주가는 동종 기업과 유럽 FTSE 지수보다 더 뛰어난 성과를 보였습니다 .

둘째, **포트폴리오의 다양성**입니다. 기본적으로 제품 믹스가 다양하면 비즈니스의 기복을 완화할 수 있는데, 예컨대 추운 봄날씨로 인해 아이스크림 판매가 줄어든다면 포트폴리오에 수프를 포함하는 것이 좋습니다. 유니레버 폴 폴먼의 재임기간 동안 유니레버는 인수합병 강도를 높여 미래에 적합한 새로운 업종의 지분을 인수하고 다양한 목적 지향 브랜드를 제품 믹스에 포함시켰습니다. 전 세계가 넷 제로 경제로 전환하면서 운송, 에너지, 건물 등과 관련된 제품 전체와 가치사슬이 사라지거나 극적으로 변화할 것입니다.

셋째, **조직의 민첩성**입니다. 폴먼이 수행한 초기 작업에는 조직의 회복탄력성을 구축하기 위한 구조적 변화도 포함돼 있었습니다. 유니레버라는 글로벌 대기업의 비즈니스가 국가별, 제품군별로 지나치게 분산돼 있었기 때문입니다. 주요 제품 카테고리를 중심으로 조직을 개편하고 관리자 레벨을 대폭 축소해서 더 간결하고 민첩하고 외부 지향적인 회사가 탄생했습니다. 모든 기업, 특히 공급망이 보다 광범위한 기업은 자사와 파트너사를 운영하는 방식의 정당성을 증명하고 비즈니스와 관련된 정치, 경제, 사회적 역학관계를 제대로 이해해야 한다는 압박에 지속적으로 직면할 것입니다.

넷째, **목적에 의해 주도되는 회복탄력성**입니다. 존재 이유를 알고 지속적으로 뒷받침하는 회사는 위기 상황에서 더 강하고 유연합니다. 세계 최초의 지속가능경영 계획 중 하나인 '유니레버 지속가능한 생활 계획(USLP, Unilever Sustainable Living Plan)'을 통해 강화하고 USLP를 조직의 전략 계획에 통합했습니다. USLP는 단순한 추가 계획이 아니라 하나의 엄연한 전략이었고, 이 전략은 지금도 유효합니다. 유니레버는 라이프부이(Lifebuoy) 비누의 글로벌 손 씻기 프로그램에서 도브(Dove)의 긍정적 신체 이미지 캠페인까지 유니레버 브랜드 수십 개가 더 큰 대의를 위해 진심어린 방법으로 연결됐고. 그 결과 수익성도 높아졌습니다. 목적 지향 브랜드들은 수년 동안 다른 비즈니스보다 훨씬 빠른 성장세를 보였습니다.

다섯째, **신뢰에 의해 주도되는 회복탄력성**입니다. USLP는 유니레버가 주요 이해관계자들과 신뢰를 구축하는 데 도움이 됐는데, 유니레버의 공격적 목표 (운영 , 공급망 , 제품 , 전 세계 커뮤니티에 대한 영향 등을 포괄하는 50 여 가지 목표) 가 완전히 투명했고 , 달성하는 데 있어서 특별히 어려움을 겪은 목표에 대해서도 유니레버가 숨김없이 이야기하기 때문입니다 . 유니레버는 자체 공급망을 안전하게 유지하기 위해 국제 NGO 옥스팜 (Oxfam) 에 의뢰해서 생활임금 , 노동시간 , 단체교섭권 등의 문제에 대해 베트남 공급업체들을 감사하고 그 결과를 공개했습니다 . 옥스팜은 심각하지 않은 몇 가지 문제를 발견했습니다 . 이를테면 유니레버가 어떤 곳에서는 최저임금보다 더 높은 임금을 지불하고 있었지만 여전히 전문가들이 생각하는 생활임금보다 낮았습니다 . 현재 유니레버는 가치사슬 전반에 걸쳐 생활임금을 제공한다는 목표를 달성하기 위해 노력하고 있습니다 .

마지막 여섯째 , **이해관계자에 의해 주도되는 회복탄력성**입니다 . 직원은 물론 다른 이해관계자들과 더 나은 관계를 구축합니다 . 공급업체에 최저비용만 요구하기보다 공급업체의 성장과 개선을 지원해 유대감을 형성합니다 . 유니레버의 경우 'Partner to Win' 프로그램을 통해 공급업체와의 관계를 순전한 거래관계에서 혁신적 파트너 관계로 전환했습니다 . 또한 소비자가 더 지속가능한 삶을 누릴 수 있도록 돕고 , 기업 고객의 지속가능성 여정을 지원하고 , 장기적 가치 창출을 원하는 투자자를 찾아 함께 협력합니다 .

모든 위기에 대비할 수 있는 회사는 없습니다 . 하지만 이러한 6 가지 회복탄력성을 결합하면 만만찮은 완충 장치를 형성할 수 있습니다 . 또한 기업이 기후변화 , 소득불평등 같은 거대한 문제도 더 큰 연합체 안에서 다룰 수 있게 됩니다 . 불확실성이 그 어느때보다 커진 포스트 코로나 시대에 유니레버가 가르쳐 준 교훈을 생각해 보시기 바랍니다 .

역자 . 류종기

기업 리스크관리 , 리질리언스 , ESG 분야의 컨설턴트 , 실무 담당자 , 교수 , 칼럼니스트로 활동하고 있다 .『밸런싱 그린 : 탄소중립 시대 , ESG 경영』『쉽게 이해하고 적용하는 ESG 투자와 경영』『뉴애브노멀 : 팬데믹의 그림자 서플라이 쇼크를 대비하라』『리스크 인텔리전스』『리질리언트 엔터프라이즈』 의 역자이고 ,『리질리언스 9』 의 저자이다 .

SASB 중대성 지도®

업종별 중요한 과제를 한눈에 알 수 있습니다

참고 : 오른쪽 11 개 산업 아래에는 총 77 개의 산업으로 분류되어 있으며 각 산업마다 중대성(Materiality) 은 조금씩 다릅니다 . 지도를 사용할 때는 산업별 중대성 지도를 참조하는 것이 좋습니다 . SASB 웹사이트 (영어 전용 , https://materiality.sasb.org/) 의 지도에서 Click to expand 를 클릭하여 볼 수 있습니다 .

과제분류	산업	소비재	추출물·광물 가공	금융	식품·음료
	주요업종	• 어패럴 • 가전 • 건축제품 · 가구 • 전자상거래 • 일용품 • 소매 · 유통 • 완구 · 스포츠 용품	• 석탄 • 건축자재 • 철강 • 광업 • 석유 · 가스	• 자산관리 • 은행 • 소비자금융 • 보험 • 투자은행 · 증권 • 주택대출 • 증권 & 상품 거래소	• 농산물 • 알코올 음료 • 식품 소매 • 식육 • 유제품 • 비알코올 음료 • 가공식품 • 레스토랑 • 담배
환경	GHG 배출량		●		●
	대기질		●		
	에너지 관리	○	○		●
	물 및 폐수 관리	○	●		●
	폐기물 및 유해물질 관리		●		○
	생물다양성 영향		●		○
사회관계자본	인권 및 지역사회와의 관계		○		
	고객의 프라이버시	○		○	
	데이터 보안	○		○	○
	접근성 및 적정 가격			○	
	제품품질·제품안전	●			●
	소비자 복지				●
	판매 관행·제품 표시			●	●
인적자본	노동 관행	○	○		○
	직원의 안전과 위생		●		○
	직원 참여, 다양성 및 포용성	○		○	
비즈니스모델 및 혁신	제품 및 서비스가 라이프 사이클에 미치는 영향	●	○	●	●
	비즈니스모델의 회복탄력성(Resilience)		○		
	공급망 관리	●	○		●
	재료 조달 및 자원 효율성	○			●
	기후변화의 물리적 영향			○	
리더십 및 지배구조	사업윤리		○	●	
	경쟁적 행위		○		
	규제 파악과 정치적 영향		○		
	중대사고 리스크 관리		●		
	시스템 리스크 관리			●	

범례	● : 산업 내에서 해당 과제가 중요한 업종이 50% 이상	○ : 산업 내에서 해당 과제가 중요한 업종이 50% 이하	그외 : 산업 내에서 해당과제가 중요한 과제가 아님

헬스 케어	인프라	재생가능자원 및 대체에너지	자원 전환	서비스	기술·통신	수송
• 바이오 · 의약품 • 약품 유통 • 돌봄 • 의약품 도매 • 관리형 의료 • 의료기기	• 전력 • 엔지니어링 & 건설 • 가스 • 주택건축 • 부동산 • 폐기물 처리 • 수도	• 바이오 연료 • 산림관리 • 연료전지 · 산업용배터리 • 종이 · 펄프 • 태양광 에너지 • 풍력에너지	• 항공 우주 · 방위 • 화학 • 용기 · 포장 • 전기 · 전자 기기 • 산업기계 · 제품	• 광고 · 마케팅 • 카지노 · 게임 • 교육 • 호텔 • 레저 • 미디어 · 엔터테인먼트 • 전문 · 상업 서비스	• 개발 및 제조위탁 • 하드웨어 • 넷미디어 서비스 • 반도체 • 소프트웨어 · IT • 통신	• 항공화물 • 항공 • 자동차부품 • 자동차 • 렌터카리스 • 크루즈선 • 해운 • 철도 • 도로
○	○	○	○		○	●
	○	○	○			●
○	○	●	●	○	●	○
	○	●	○	○	○	
○	○	○	●		○	○
	○	○		○		○
○		○	○			
				○	●	
●			○	○	●	
●	○					
●	○		●	○		○
●				○		
●				○		
	○			○	○	○
○	●	○	○	○	○	●
○				○	●	
○	●	●	●		●	○
	●					
○		○	○		○	○
	○	●	●		●	○
○	○	○		○		
●	○		○	○		○
				○	●	○
		○	○			
	○	○	○			●
	○				○	

출처 : SASB 웹 사이트, 2022년 8월 현재 / 리스크 인텔리전스 경영연구원 (한국어 버전) 재편집

목차

Part

ESG 실천이 기업경영의 상식으로!

왜 기업은 'ESG 경영'을 추진하는 것일까요

Part 5

듣든한 편이 되어주는 소비자의 지지!

ESG를 추진하려면 「소비자」를 끌어들여야 합니다

■ 일러두기 Disclaimer

Part 1

모두가 알아야하는 현대의 키워드

ESG란 도대체 어떤 건가요?

도대체 「ESG」란 무엇인가요?

환경, 사회, 거버넌스의 관점이 매우 중요하게 되었습니다

최근 , 어떤 비즈니스의 현장에서도 「ESG」 라는 말을 듣고 보는 기회가 늘어났습니다 . 그러나 「ESG」 의 명확한 정의를 특정 기관이나 단체가 정하고 있는 것은 아닙니다 .

이 책 전반에 걸쳐 「ESG」 를 설명하고 있는 것에서도 알 수 있듯이 , 단 세 문자의 알파벳으로 표현되는 말이지만, WHO가 「세계보건기구」, Bad는 「나쁜」 처럼 뜻이 확실히 설명할 수 있을 만큼 단순하지 않고 , 깊은 의미를 담고 있는 단어이므로 순서에 따라 설명하려 합니다 .

우선 , 「E」「S」「G」 가 각각 무엇을 의미하는지 살펴보겠지만 , 일단은 다음의 3 개의 단어의 머리글자를 늘어놓은 것입니다 .

□ Environment (환경)

□ Social (사회)

□ Governance (지배구조)

앞으로 「E」「S」「G」 각각에 대해 구체적으로 어떤 것인지를 설명하겠습니다 . 「ESG」 라는 말이 세계적으로 확산 , 보급되고 있는 데에는 나름의 배경이 있을 것입니다 . 그리고 배경을 이해하면서 기업 , 사업가 , 투자자 , 소비자와 같은 다면적인 관점에서 ESG 라는 단어의 본질적인 의미를 이해해야 합니다 . 게다가 실제로 무엇을 할 수 있는지 , 어떤 일을 해야 하는지를 생각하고 실제로 행동하는 것이 요구되고 있습니다 . 「ESG」 는 영어 단어처럼 의미를 기억하는 것만으로는 무용지물입니다 . 전세계가 지금까지의 행동 양식을 바꾸기 위한 사고방식이기 때문입니다 .

「환경」「사회」「지배구조」가 ESG

CHECK
Environment
환경

- 온실가스 배출량을 줄이고 있는가?
- 생물 다양성 보전에 적극적인가?
- 친환경 비즈니스를 전개하고 있는가?
- 재생가능에너지를 활용하고 있는가?

CHECK
Social
사회

- 노동 환경을 개선하고 있는가?
- 개인정보보호가 높은 수준인가?
- 여성 관리직의 비율은 높은가?
- 인재 육성을 실시하고 있는가?

CHECK
Governance
지배구조

- 법규를 준수하고 있는가?
- 정보 공시에 적극적인가?
- 사외이사제를 실시하고 있는가?
- 공정한 경쟁을 하고 있는가?

핵심 요약

- ☐ ESG는 '환경', '사회', '지배구조'를 가리키는 말
- ☐ ESG는 지금까지의 경영 기법을 바꾸기 위한 사고방식

「E」의 「환경」이란 구체적으로 어떤 것인가요?

ESG 의 3 요소 중에서도 가장 중요한 과제입니다

ESG 의 「E」는 환경 (Environment) 입니다만 , 구체적으로는 어떤 것이 포함되는 걸까요 . 쉽게는 ' 환경 문제 ' 라고 해서 다루어질 수 있는 여러 가지 문제들을 떠올려 보는 겁니다 .

기후변화 , 산림 훼손 , 해양 오염 , 대기 오염 , 생물 다양성 상실 , 멸종 위기종 증가 등 다양한 문제가 떠오를 것입니다 . 모두 'E' 에 해당하는 문제입니다 . 이런 문제들이 개인이나 기업의 일상과 어떻게 관련되어 있는지를 생각해 보면 더 이미지가 뚜렷해집니다 .

예를 들어 , 온실가스를 배출하는 가솔린 자동차를 운행하는 것은 「기후변화」와 연결되어 있으며 , 페트병을 이용하거나 페트병으로 상품을 만들고 있으면 , 바다의 생물이나 환경에 막대한 악영향을 주는 「해양 플라스틱 쓰레기 문제」로 연결되어 있는 것을 알 수 있습니다 .

우리 인간은 , 자연 환경의 혜택이 있을 때 경제가 유지될 수 있다는 것을 잊고 환경에 무관심해 왔습니다 . 이러한 왜곡이 오래 전부터 표면화되고 있었음에도 불구하고 , 문제 해결을 미루어 왔습니다만 , 드디어 이것 역시 한계에 가까워지고 있습니다 .

더 이상 환경에 부담을 준다면 환경의 토대 위에 있는 우리의 삶은 크게 흔들리게 됩니다 . 이러한 위기적 상황으로부터 눈을 돌려 , 「누군가 해결해 줄 것」이라고 남의 일 처럼 생각하는 것이 아니라 , 우리는 환경 문제를 자기 일로 생각해 행동할 것이 강하게 요구되고 있습니다 .

ESG의 「E(환경)」에는 어떤 것이 포함되나요?

환경
Environment

온실가스 배출량이 많지 않은지, 환경오염을 하지 않았는지,

재생가능에너지를 사용하는지,

환경 문제에 대응하는 것

해야 할 일, 생각해야 할 것

- 기후변화 대책
- 온실가스 배출량 감소
- 화학 물질의 관리
- 재생에너지 활용
- 수질오염 대책
- 대기오염 대책
- 해양 플라스틱 쓰레기 대책
- 삼림 파괴의 저지
- 생물 다양성의 상실 방지
- 외래종의 침입 대책
- 사막화와 토양 열화의 저지
- 수자원 관리 대책
- 폐기물 대책

등등..

핵심 요약

- ☐ 「E(환경)」은 환경 문제를 해결하는 것을 말함
- ☐ 지속가능한 환경, 풍부한 자원 없이 풍요로운 경제활동은 불가

「S」의 「사회」란 구체적으로 어떤 것인가요?

인권, 차별 등 광범위한 문제가 포함됩니다

ESG 의 'S' 는 ' 사회 (Social)' 를 뜻합니다 . 많은 사람들에게 ' 사회 ' 가 구체적으로 어떤 것을 의미하는가를 설명하는 것이 고민되는데요 . 이 점에서는 'E(환경)' 보다 더 이해하기 어려울지도 모릅니다 .

ESG 에서의 'S(사회)' 는 일반적으로 사회 전체가 해결해야 한다고 인식되는 문제입니다 . 그 범위는 광범위하고 , 남녀 불평등 , 과중한 노동이나 아동노동 , 성희롱이나 갑질 등이 포함됩니다 . 극단적으로 말하면 , 환경 문제가 아닌 많은 문제가 「S(사회)」에 포함된다고 생각해도 좋을 것입니다 .

예를 들어 세계경제포럼 (World Economic Forum, 다보스포럼) 이 매년 발표하는 남녀 간 불평등을 나타내는 ' 젠더 격차 지수 ' 에서 한국 , 일본은 현저한 하위권입니다 . 한국 , 일본에서도 성평등에 대한 의식이 높아지고 있다고는 하지만 , 2022 년 7 월 발표 순위에서 조사 대상인 146 개국 중 한국은 99 위 , 일본은 116 위로 남녀간 불평등이 여전히 큰 것으로 나타났습니다 .

영어사전에 'karoshi(過勞死 , 과로사의 일본어 발음)' 라고 표현되는 단어가 등재된 것처럼 죽을 때까지 일하는 과중한 노동도 한국 , 일본이 안고 있는 큰 문제로 , 그것이 원인이 되는 자살이 종종 화제가 됩니다 .

2021 년 들어 유니클로 (UNIQLO) 의 중국 신장 위구르자치구에서 생산된 면을 사용하는 것에 대해 미국 등이 문제시 했습니다 . 중국 정부의 탄압을 받고 있다고 알려진 소수민족 위구르인의 강제 노동에 의해 생산된 혐의가 있어 , 심각한 인권 문제에 관여하고 있다고 볼 수 있었기 때문입니다 .

ESG 의 "S" 는 이러한 다양한 사회 문제를 해결하는 것을 고려하고 행동하는 것을 말합니다 .

ESG의 「S(사회)」에는 어떤 것이 포함되나요?

젠더 불평등은 아닌지, 근로환경은 나쁘지 않은지,

인권침해를 하고 있지는 않은지 등,

사회의 다양한 문제에 대응하는 것

해야 할 일, 생각해야 할 것

- 노동자의 권리 보호
- 노동자의 안전위생 확보
- 제품의 안전성 확보
- 젠더 격차의 철폐
- 모든 차별의 철폐
- 다양성 확보
- 워크 라이프 밸런스의 확보
- 유능한 인재 채용·육성
- 지역사회에 대한 지원
- 공급망(Supply Chain) 인권 리스크 관리
- 아동 노동 금지
- 강제 노역 금지

등등..

핵심 요약

- ☐ 'S(사회)'는 여러 가지 사회 문제를 해결하는 것을 말함
- ☐ 우리 사회에는 해결해야 할 여러 가지 문제가 산적해 있음

「G」의 「거버넌스」란 구체적으로 어떤 것인가요?

기업이 올바른 일을 하는 것이 최고의 리스크 관리입니다

G 의 거버넌스 (Governance) 는 영어의 ' 통치하다 , 지배하다 , 관리하다 ' 라는 뜻의 동사 'Govern' 의 명사형입니다 . ' 집단 , 조직의 통치 , 지배 , 관리 ' 의 의미로 사용되는데 ESG 의 'G' 는 ' 기업지배구조 ' 를 지칭하는 것으로 봅니다 . 일반적으로 지배구조가 잘 운영 되고 있는 상태는 ' 관리가 잘 되고 있다 ', 그렇지 않은 상태는 ' 관리가 잘 되지 않고 있다 ' 로 표현됩니다

이 말이 주목받는 것은 기업의 불상사가 반복되고 있기 때문입니다 . 일본의 경우 간포생명 (일본우정그룹 산하) 에 의한 보험의 부적절 판매나 스루가은행의 투자용 부동산 대상 부정 융자는 , 제대로 된 기업지배구조가 없는 조직이 일으킨 불상사의 전형적인 예입니다 . 눈앞의 이익을 위해 비리를 저지른 두 회사는 금융기관으로부터 일부 업무정지명령 행정처분을 받았지만 사회적 신뢰를 잃으면서 경영적으로도 큰 대가를 치르게 됐습니다 .

지배구조가 작동하지 않는 조직에서는 불상사와 문제가 발생할 위험이 커집니다 . 만약 불상사나 문제가 발생하면 주주 이탈이나 소비자 이탈이 일어나 경쟁력 및 수익력 저하로 이어져 경영에 막대한 악영향을 미칩니다 . 반대로 말하면 기업지배구조가 건실한 조직을 만들면 막대한 악영향을 미칠 수 있는 위험을 줄일 수 있다는 것입니다 .

「거버넌스」 에서는 , 「E(환경)」 와 「S(사회)」 의 관점도 포함한 지속가능성 (Sustainability) 을 중요한 경영 과제로 파악하는 것이 중요합니다 . 그리고 나서 기업은 중장기적인 거버넌스가 실행되고 있는가를 평가 받습니다 .

ESG의 'G(거버넌스)'에는 어떤 것이 포함되나요?

거버넌스
Governance

기업이 실적이나 평판 악화로 이어질 수 있는
불상사 등을 피하기 위해,
공정하고 투명성 있는 체질을 구축하는 것

해야 할 일, 생각해야 할 것

- 정보 공시의 투명성
- 이사나 감사의 자질
- 장기적인 경영전략 수립
- 이사회의 독립성·다양성 확보
- 이해관계자와의 대화
- 컴플라이언스 (법규 준수)
- 적절한 납세의 수행
- 뇌물 수수 등 부패 방지
- 리스크 관리 체제의 구축
- 적정한 임원 보수의 설정
- 사이버 보안대책
- BCP(사업연속성계획) 수립

등등..

핵심 요약

- ☐ G(거버넌스)는 기업 지배구조를 말함
- ☐ 지배구조는 기업이 해야 할 일을 제대로 한다는 걸 의미함

왜 ESG가 주목받게 되었나요?

환경, 사회, 거버넌스에 문제가 있다는 걸 제대로 봅시다

ESG 라는 말이 사용되는 계기는 , 2006 년 유엔 (UN) 코피 아난 당시 사무총장이 제창한 PRI(책임투자원칙) 에서 입니다 . PRI 에 대해서는 34 페이지에서 자세하게 설명합니다만 , 간단하게 말하면 PRI 는 「투자자는 환경 , 사회 , 거버넌스를 고려하여 투자해야 한다」 라는 전 세계를 향한 선언입니다 . 하지만 이는 어디까지나 계기를 제공했을 뿐입니다 . ESG 가 주목받고 있는 것은 전 세계 「환경」「사회」「거버넌스」가 현재 좋은 상태가 아니기 때문입니다 .

세계 각지에서 환경이 파괴되어 지구에 큰 부담을 주고 있습니다 . 인권 침해나 빈곤 문제 , 젠더 불평등 , 인종 차별 등의 문제도 없어지지 않았습니다 . 단기적인 이익의 극대화를 추구한 나머지 불상사를 일으키는 기업도 끊이지 않습니다 . 과거를 되돌아 보면 기업이 일으킨 문제가 많았습니다 (오른쪽 페이지 그림 일본 기업 사례 참조). 지금까지도 여러 문제가 일어날 때마다 , 인류는 좋은 방향으로 향할 수 있도록 노력해 왔습니다만 , 환경문제도 인권문제도 여전히 심각한 상태로 놓여 있습니다 .

경제 활동을 위해서 환경 파괴를 계속하는 것은 , 장기적인 관점에서 보면 자연의 혜택을 이용해 경제 활동을 실시하고 있는 우리 인간에게 있어서 큰 불이익입니다 . 인권문제에 대응하지 않고 방치하면 사람들의 성장 가능성과 능력을 저해하고 , 돌고 돌아 결국 경제 성장에 악영향을 미칩니다 . 그동안 기업은 경제 성장을 위해 ESG 과제를 무시해 왔지만 , 완전히 잘못된 생각입니다 . 경제 성장을 지속하려면 ESG 를 희생시켜서는 안 됩니다 .

기업이 일으킨 ESG 관련 주요 사건 (일본 사례)

핵심 요약

- ☐ ESG가 주목받는 건, 결국 해결해야 할 문제가 있다는 걸 의미
- ☐ 기업은 불상사를 일으켜 왔지만, 여전히 사라지지 않고 있음

006 ESG 101 : 모두를 위한 ESG 수업
ENVIRONMENT, SOCIAL, GOVERNANCE

ESG를 향해 취하는 자세는 대략 4가지로 나뉩니다

환경· 사회에의 배려와 이익 양립을 목표로 하는 것이 주류

ESG 에 대한 입장은 기업마다 다릅니다 . 이러한 입장들은 「사회와 환경에 미치는 영향을 고려하는 입장」 과 「사회와 환경에 대한 영향을 고려했을 때의 이익 증감에 대한 견해」 라는 두 축으로 크게 ① 신 자본주의 ② 음모론 ③ 탈 자본주의 ④ 구 자본주의 등 4 가지로 나눌 수 있습니다 .

일본 기업의 상당수는 「④ 구 자본주의」 에 위치해 있습니다 . 쉽게 말하면 「환경이나 사회를 배려하면 이익이 줄어들기 때문에 그런 일은 하기 어렵다」 고 생각하는 거죠 . 지금 이 책을 읽고 있는 많은 독자들도 같은 입장일 수 있습니다 .

「③ 탈 자본주의」 는 「이익이 줄더라도 환경 · 사회를 배려해야 한다」 는 입장입니다 . 이 생각의 최대 결점을 단적으로 말하면 , 기업으로서 이 입장을 계속하면 경영이 어려워져 「환경 · 사회를 배려한다」 라고 하는 이상을 지속적으로 추구할 수 없게 된다는 것입니다 .

「② 음모론」 은 많이 언급되지는 않지만 특정 국가나 산업을 위해 환경 , 사회 가치가 이용당하고 있다고 짐작하는 입장입니다 .

그리고 「① 신 자본주의」 는 지금부터 이 책에서 자주 설명하는 「사회 · 환경을 위한 활동을 하면서도 이익 추구를 목표로 한다」 라고 하는 생각입니다 . 여전히 기업의 상당수는 「④ 구 자본주의」 에 머무르고 있습니다 . 그러나 유럽의 글로벌 기업을 중심으로 「④ 구 자본주의」 로부터 빠르게 벗어난 것 처럼 「①신 자본주의」 로 이행하는 움직임이 크게 가속화 되고 있어 , 앞으로 주류가 되려 하고 있습니다 .

경제 인식에 관한 4분류 모델

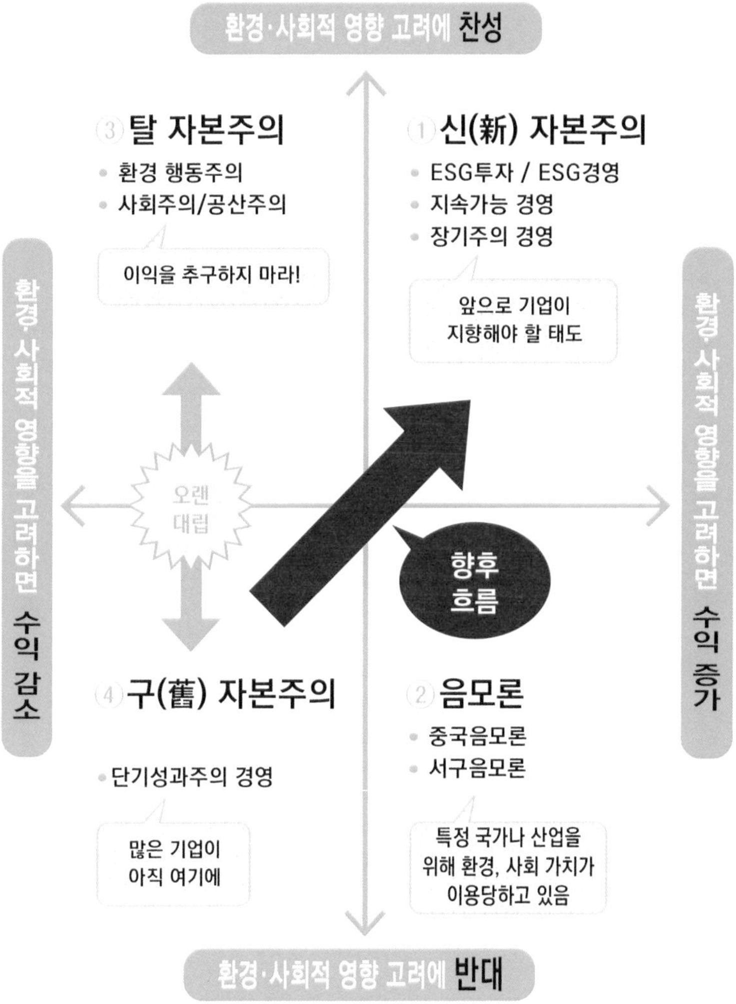

환경·사회적 영향 고려에 찬성

③ 탈 자본주의
- 환경 행동주의
- 사회주의/공산주의

이익을 추구하지 마라!

① 신(新) 자본주의
- ESG투자 / ESG경영
- 지속가능 경영
- 장기주의 경영

앞으로 기업이 지향해야 할 태도

환경·사회적 영향을 고려하면 수익 감소

오랜 대립

향후 흐름

환경·사회적 영향을 고려하면 수익 증가

④ 구(舊) 자본주의
- 단기성과주의 경영

많은 기업이 아직 여기에

② 음모론
- 중국음모론
- 서구음모론

특정 국가나 산업을 위해 환경, 사회 가치가 이용당하고 있음

환경·사회적 영향 고려에 반대

출처 : 오마 겐지 「ESG 사고 격변 자본주의 1990-2020, 경영자도 투자가도 여기까지 변했다」 (고단사)

핵심 요약	□ 종래에는 「구(舊) 자본주의」가 전통적인 사고방식이었음 □ 「신(新) 자본주의」로의 인식 전환이 요구되고 있음

「ESG」와 「SDGs」의 차이와 관계를 이해합시다

SDGs 는 ESG 활동을 추진하는 단서가 됩니다

ESG 와 비슷한 말로 SDGs(Sustainable Development Goals: 지속 가능한 개발 목표) 가 있지만 본질적인 의미는 다릅니다 .

SDGs 는 유엔이 2030 년까지 지속가능한 사회를 실현하기 위한 달성 목표로 제시한 전세계 공통의 17 개의 「목표」 입니다 .

목표 ① ' 빈곤 퇴치 ', 목표 ② ' 기아 종식 (Zero Hunger)' 와 같이 17 가지 목표를 제시하고 있으며 각각의 목표에는 보다 구체적인 169 개의 세부목표가 설정되어 있습니다 . 예를 들어 목표 ① ' 빈곤 퇴치 ' 에는 '2030 년까지 현재 1 일 1.25 달러 미만으로 생활하는 사람들로 정의되고 있는 극도의 빈곤을 모든 지역에서 종식시킨다 ' '2030 년까지 국가별 정의에 따라 모든 측면에서 빈곤 상태에 있는 전 연령의 남성 , 여성 , 어린이의 비율을 절반으로 감축시킨다 .' 와 같은 세부목표가 설정되어 있습니다 . 그 대상은 전세계의 사람들 , 기업 , 나라 등을 포함합니다 .

반면 , ESG 는 SDGs 와 같은 「목표」 가 아닙니다 . 환경 , 사회 , 지배구조라고 하는 3 개의 비재무적인 관점이 기업의 장기적인 성장에 영향을 준다는 견해입니다 . 또한 ESG 와 SDGs 의 관계를 보면 , 기업이 경제성장을 지속하기 위해서 ESG 를 실천할 때 , 미래에 발생가능한 리스크나 기회를 발굴하기 위한 단서가 SDGs 입니다 . SDGs 가 지향하는 목표별 여러 과제를 해결하는데 기여하는 것은 회사의 사업 기회와 직결됩니다 . 반면 환경 파괴와 인권 침해 등 목표 달성에 역행하는 행위는 회사의 평판을 훼손시킬 뿐 아니라 경제적 손실을 야기하는 위험이 된다는 것입니다 .

SDGs와 ESG의 차이점

※출처: 유엔(국제연합, UN) 홈페이지 https://www.un.org/sustainabledevelopment/

핵심 요약	☐ SDGs는 전 세계가 하나가 되어 달성 해야 할 '목표'임 ☐ SDGs의 목표에서 ESG 실천을 위한 단서를 찾을 수 있음

「ESG」와 「CSR」「CSV」의 차이를 이해합시다

CSR 와 CSV 는 「자발적」, ESG 는 「외부적 요구」 입니다

ESG 와 CSR, CSV 간 차이를 혼동하는 사람이 적지 않습니다 .

기업은 지금까지 공해문제나 분식회계 등 다양한 문제를 일으켜 왔습니다 이러한 실패 경험으로부터 소비자 , 투자자 , 사회 전체 등 이해관계자들을 고려하여 적절한 의사결정을 실시해 , 윤리적 관점에서 자율적으로 사회 공헌을 하는 CSR(기업의 사회적 책임 : Corporate Social Responsibility) 이 대두되었습니다 . CSR 활동에는 법령 준수와 이해관계자들에 대한 설명 책임 준수도 포함되지만 , 통상적으로는 본업의 이익과는 직결되지 않는 기부 (지역사회 복지 시설에 기부) 나 자원 봉사 (기업 임직원이 해안가 바다 쓰레기 청소 같은 환경정화 활동에 참여) 등 , 기업이 자발적으로 돈이나 시간을 투입해 「좋은 일」 을 실천한다는 이미지가 강합니다 .

비슷한 용어로 , 세계적인 경영학자 마이클 포터 교수가 제창한 CSV(공유가치창출 : Creating Shared Value) 가 있습니다 . 상충되는 것으로 인식되었던 「이익」 과 「사회공헌」 의 양립을 목표로 하는 개념으로 , 「사회적 문제 · 과제 해결의 비즈니스화」 라고도 합니다 . CSR 보다 본업의 이익을 중시하는 관점입니다 . 덧붙여서 , 유럽에서는 일본에서 CSV 로 여겨지는 것도 「CSR」 이라고 표현되는 것이 일반적입니다 . CSR 이 시대적 변천을 거치면서 CSV 와 같은 의미로 파악되고 있기 때문입니다 . (물론 이 책에서 기술한 정의와 비교에 대해서 서로 다른 의견이 있을 수 있으며 다름을 존중합니다 .)

ESG 는 기업의 CSV 실시 정도를 「E」「S」「G」 의 3 요소로 나누는 것으로 , 타사와의 활동 , 성과 수준을 비교할 수 있도록 한 것입니다 . 이를 통해서 기업이 「이익」 과 「사회 공헌」 의 양립을 목표로 하는데 있어서 , 무엇을 해야 할지 보다 명확해졌다고 말할 수 있습니다 .

ESG와 CSR, CSV의 차이점

ESG

Environment, Social, Governance

환경·사회·거버넌스

- 2006년에 UN 사무총장인 코피 아난이 PRI(책임투자원칙) 제창

투자자와 소비자로부터 요구되는 ESG 활동을 기업 경영에 반영함으로써 세계적인 과제 해결을 목표로 한다

CSR

Corporate Social Responsibility

기업의 사회적책임

- 1990년대부터 논의 되기 시작

기업이 자발적으로 본업과는 무관한 기부나 봉사활동 등을 수행하는 사회공헌 활동

CSV

Creating Shared Value

공유가치 창출

- 2011년에 하버드대 마이클 포터 교수 등이 제창

기업이 자발적으로 생각하는 사회적 문제 및 과제 해결의 비즈니스화

핵심 요약

- □ 'CSR'은 이익에 결부되지 않는 사회공헌 활동을 의미
- □ ESG, CSV는 '본업의 이익'과 '사회 공헌'의 양립을 목표로 함

「선형(linear)」 경제에서 「순환(circular)」 경제의 시대로

지속가능한 사회를 목표로 경제 전환이 요구되고 있습니다

우리 인류는 지금까지 자연자원을 활용하여 물건을 만들어 소비하면서, 자원을 재활용·재이용하지 않고 폐기해 왔습니다. 이는 대량생산·대량소비·대량폐기의 직선적(선형)으로 자원이 이동하는「선형 경제」였습니다.

그 결과, 자원 부족이나 다양한 환경 문제가 발생했습니다. 이를 간과할 수 없는 수준에 이르면서 환경 부하가 보다 적은 방식으로의 전환 필요성이 제기됨은 널리 알려진 바와 같습니다. 이제는 자원을 채굴, 생산, 소비한 후에 그 자원을 재이용하고 원을 그리듯이 순환시켜 자원이나 에너지의 소비, 폐기물 발생을 줄이는 동시에 그 순환의 과정에서도 가치를 창출하는 것으로, 경제 성장과 환경 부하 저감의 양립을 목표로 하는「순환경제(Circular Economy, CE)」로의 전환이 요구되고 있습니다. 선형 경제 발상은 이미 시대에 뒤떨어져 있습니다.

종래의 구 자본주의에서 기업은 환경 부하 저감을 비용 요소라고 생각하기 쉬웠습니다. 그러나 '신 자본주의'적인 발상이라고 할 수 있는 순환 경제(CE)는 오른쪽 페이지 아래에 있는 5가지 사업 모델과 같이 재활용에만 머무르지 않고, 폐기물을 배출하지 않고 자원 순환을 하면서도 이익을 얻는 사업 모델을 구축하여 경제 성장과 양립할 수 있도록 합니다.

ESG, SDGs, CSR, CSV, CE와 여러가지 용어가 존재하지만, 모든 개념이 목표로 하는 것은「지속가능한(sustainable) 사회」의 실현입니다. 그 중추적인 역할을 담당하는 주체로서 기업에게 책임있는 행동이 요구되고 있는 것입니다.

「선형 경제」에서 「순환 경제」로

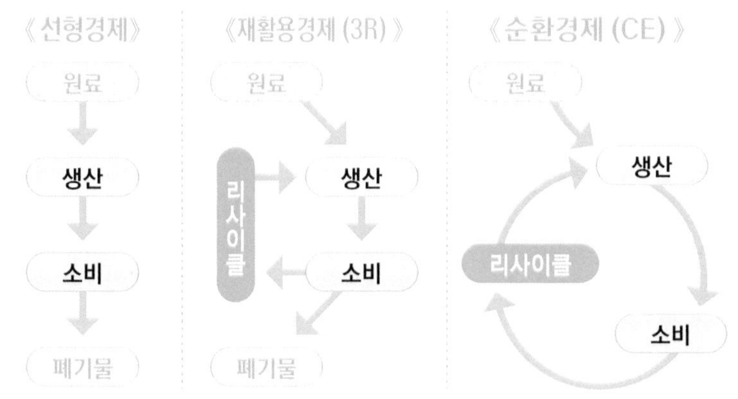

출처 : 네덜란드 정부 「From a linear to a circular economy」

순환경제의 5가지 사업 모델

재생형 공급	원재료와 관련된 비용을 축소하고 안정적 조달을 실현하기 위해, 반복재생하는 100% 재생가능한 원재료나 생분해성의 원재료를 도입
회수와 재활용	지금까지 폐기물로 간주되어 온 모든 것을 다른 용도로 활용하는 것을 전제로 한 생산/소비 시스템 구축
제품수명연장	제품을 회수하고 보수, 개량함으로써 제품수명을 연장하고 새로운 가치를 부여하는 방식
공유·플랫폼	에어비앤비(Airbnb) 같은 사업 모델로 사용하지 않는 제품의 대여, 공유, 교환을 통해 보다 효율적인 제품/서비스 구축
서비스로서의 제품 Product as a Service	제품/서비스를 이용한 만큼 지불하는 사업 모델 판매량 보다 고객에게 제품/서비스를 제공하는 결과물을 중시함

출처: Accenture사 홈페이지

핵심 요약	☐ 순환 경제는 지속가능한 사회의 실현을 위해 「경제 성장」과 「철저한 자원 절약」의 양립을 목표로 하는 개념

ESG의 관점은 더 이상 일시적인 유행이 아닙니다

「ESG」를 의식 않던 시대로의 회귀는 있을 수 없습니다

ESG 라는 개념을 비즈니스의 세계에서 연이어 나타났다가 사라지는 유행어처럼 생각하는 사람이 있을지 모릅니다 . 하지만 단언컨데 ESG 는 일시적인 유행이 아닙니다 .

이대로 가면 지구 환경이 돌이킬 수 없는 위기 상황에 봉착할 것이라는 것을 많은 사람들이 이제 어느 정도 짐작하고 있습니다 . 빈곤이나 양극화 사회 , 성 (性) 불평등 , 인종 차별 등 사회에 표면화되고 있는 다양한 왜곡이나 불합리에 대해서 당사자로서 직접적으로 이상하다고 느끼는 사람도 있을 것이고 , 당사자는 아니더라도 문제를 해결하지 않으면 안된다고 인식하는 사람도 있을 것입니다 .

Part2 이후 자세히 설명하겠지만 , 일본의 공적연금 (우리나라 국민연금 격) 인 연금적립금관리운용독립행정법인 (GPIF) 이 동경증권거래소 일부 상장기업을 대상으로 한 설문조사에 따르면 , 기업은 ESG 에 관한 다양한 이슈에 대해 중요하게 인지하는 것을 알 수 있습니다 . 또한 GPIF 는 같은 설문조사에서 「장기 비전」 을 파악하는 방법에 대해서도 듣고 있습니다 . 그 결과로부터 10 년 이상의 장기적인 시야에서 생각하는 기업이 증가하는 경향이 있음을 알 수 있습니다 . 기업은 사회의 요구에 의해 ESG 활동을 활발히 하고 있지만 , 장기적인 비전을 가지고 ESG 에 임하려고 하기 시작하고 있습니다 .

기업 뿐 아니라 개인에게도 ESG 라고 하는 용어가 확산되어 가면 의도적으로 ESG 라고 하는 용어를 사용할 필요성이 낮아질지 모르겠지만 , ESG 과제의 해결은 인류에게 있어서 보편적인 문제입니다 . 이에 향후에는 기업이 얼마나 관련 문제 해결을 위한 활동을 수행할 수 있는지 요구받게 되고 , 그 성과에 대해 묻게 될 것입니다 .

기업의 ESG 활동에 대한 주요 테마

순위	주제	2019년도	2018년대비증감
1위	기업지배구조	70.8%	-0.4%
2위	기후변화	53.9%	8.4%
3위	다양성	44.0%	2.4%
4위	인권과 지역사회	34.7%	0.3%
5위	건강과 안전	32.6%	-0.7%
6위	제품 서비스의 안전	30.8%	-1.2%
7위	리스크 관리	29.8%	2.3%
8위	정보 공개	23.3%	2.1%
9위	공급망 관리	20.2%	3.3%
10위	이사회 구성·평가	16.2%	0.8%

주) 세계 최대 연기금 일본 공적연금(GPIF)에서 25개 주제를 제시하고 각 기업이 최대 5개의 주제를 선택
출처 : GPIF 'ESG 활동보고 2019'

기업이 기관투자자에 제시하는 장기비전에서 고려하는 기간(연수)

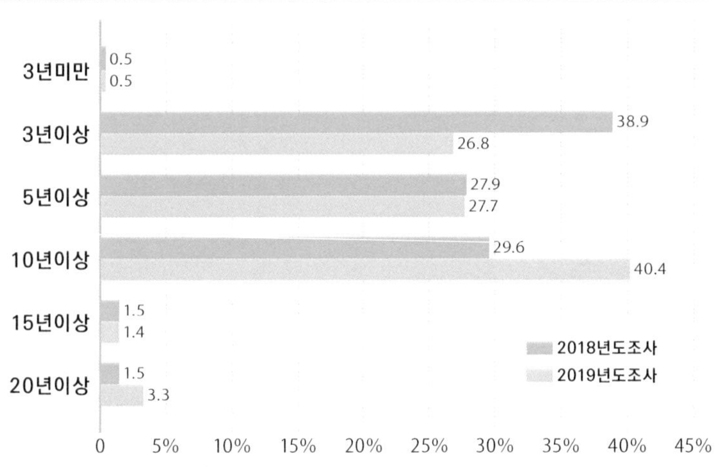

출처 : GPIF 'ESG 활동보고 2019'

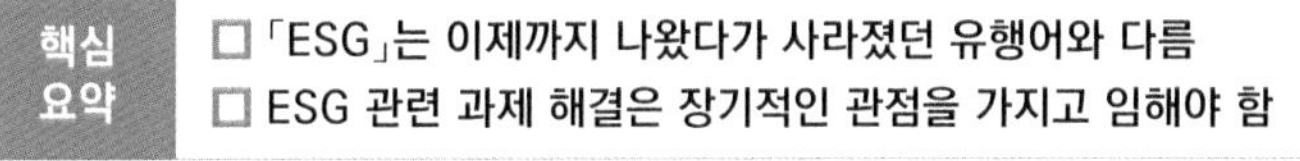

코로나 19는 ESG를 가속시키는 계기가 됐습니다

코로나 19 회복의 기폭제, 그린 리커버리(Green Recovery)

코로나 19 팬데믹은 지금까지 세계 공통의 문제라고 인식되면서, 좀처럼 진전되지 않았던 환경 문제에 대한 대처를 가속화 시켰습니다. 탈탄소, 순환경제 (CE, 26 페이지에서 설명) 등 지속가능한 방법으로 코로나 19 피해로부터 경제부흥을 꾀하는 '그린 리커버리 (기후 회복을 고려한 경제발전)' 의 움직임이 고조되고 있습니다.

2020 년 5 월 네슬레, 유니레버, IKEA 등 글로벌 기업 155 개사의 CEO 들이 2050 년 보다 앞당겨 온실가스 배출량을 실질적으로 제로로 하는 대책을 근거로 한 부흥책을 요구하는 공동성명을 발표, 「회색 경제에서 녹색 경제로」 라고 호소해 큰 화제가 되었습니다.

영국 독립연구기관인 비비드 이코노믹스 (Vivid Economics) 에 따르면 주요국 경기 부양책에 투입되는 총 자금 11.4 조 달러 (약 12,540 조원) 중 3.5 조 달러 (약 3,850 조원) 가 환경 (그린) 을 중시하는 경기부양책이라고 합니다. 각국은 코로나 19 재난으로부터의 경제 부흥을 「지속가능한 사회」 실현의 적기로 삼고 있습니다. 또한 이를 기폭제로 삼아 코로나 19 로 크게 침체한 세계 경제를 회복하기 위해 경쟁적으로 야심찬 목표를 설정하기 시작했습니다.

또한 ESG 의 「S(사회)」 요인에서도 코로나 19 로 원격근무 (telework) 가 일반화된 것을 계기로 여성 인력 활동 범위를 넓히려는 움직임이 나타나는 등 지금까지 진행되지 않았던 대처를 가속화하는 시도가 증가하고 있습니다.

코로나 19 위기를 기회로 바꾼다 – 이러한 발상의 전환을 통해, ESG 관련 문제를 해결하기 위한 활동을 기업이 하지 않는다면 가까운 미래에 경쟁에서 뒤처질 리스크가 증대할 것입니다.

세계 주요국의 'Green Recovery' 노력

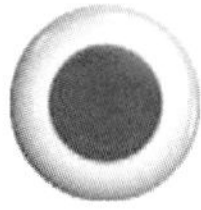
《일본》

2020년 10월, 간 나오토 총리가 온실가스 배출량에 대해서 종래 「2050년까지 80% 감축, 금세기 후반에 실질적인 제로를 실현한다」라는 방침에서 「2050년까지의 온실가스 배출을 실질적으로 제로」로 전환할 것을 선언.

《EU》

코로나 19로부터의 회복을 위한 장기 예산 1.8조 유로(약 2,400조 원)의 20%를 기후변화 대책 등의 녹색회복에 할당. 석탄발전소의 신규 건설을 금지하고, 풍력이나 태양광 등 재생 가능 에너지로 전환을 추진.

《프랑스》

르노나 에어 프랑스-KLM 등 대기업을 지원하는 대신 온실가스 배출량 억제 등을 의무화. 에어프랑스-KLM 구제 시에는 운항 시 온실가스 배출량이 적은 기체 도입과 철도와 경쟁하는 국내 노선 폐지를 조건으로 제시.

《독일》

자동차 구입 보조금 증액 대상을 전기자동차(EV)로 한정.
해상풍력의 확대 목표를 2030년에 500만 킬로와트분 끌어올리고 자동차 전용 수소 스테이션도 늘릴 계획.

《영국》

2030년까지 1990년 대비 온실가스를 적어도 68% 감축.
재생에너지나 수소 투자 등에 총 120억 파운드(약 18조원)를 투자, 25만명의 고용 창출을 목표로 제시.
해상 풍력 발전량을 2030년까지 현재의 4배로 확대 목표 제시.

《미국》

2035년 발전 부문, 2050년까지 경제 전체의 탈탄소화를 목표로 제시. 환경 대책의 중심으로서 전기자동차(EV) 지원에 1,740억 달러(약 190조원), 전력망 정비에 1,000억 달러(약 110조원)를 투자할 계획.

《중국》

2030년까지 온실가스 배출량을 2005년 대비 65% 이상 감축, 「2060년까지의 실질 제로」를 목표로 제시.
전기차(EV), 배터리, 수소 이코노미로 세계 패권의 장악을 추진.

핵심 요약

☐ 주요국은 '그린 리커버리'로 이어지는 야심찬 목표를 경쟁적으로 설정하고 있음

Column

「2050年 탄소중립」 목표

2020 년 10 월 26 일 일본 스가 요시히데 총리는 취임 후 첫 소신 표명 연설에서 성장 전략의 주축으로 「경제와 환경의 선순환」 을 내걸어 녹색 사회의 실현에 수력해 갈 것임을 표명했습니다 .

그런 가운데 스가 총리는 2050 년까지 일본 온실가스 배출을 실질적으로 제로로 하는 탄소중립 목표를 내놓았습니다 . 종래 일본은 2050 년까지 온실가스 배출량을 80% 줄이는 목표를 제시하였습니다 . 사실 그 목표도 " 달성이 어렵다 " 는 의견이 적지 않은 가운데 스가 총리는 허들을 더욱 높였습니다 .

이미 EU(유럽연합) 는 「2050 년」 , 중국은 「2060 년」 을 목표로 제시해 스가 총리 발표 후 미국 바이든 정부도 역시 「2050 년」 까지 실질 탄소 제로를 표명함으로써 , 세계 상위 4 개국 · 지역 (G4) 이 삭감 목표에 보조를 맞췄습니다 .

스가 총리가 높은 목표를 내세운 배경에는 유럽 중심의 세계적인 탈탄소 흐름에 뒤처질 것이라는 위기감 외에도 코로나 19 팬데믹으로 인해 생활 양식이나 산업구조의 전환이 강요되는 가운데 , 기후변화 대책을 차세대 성장 산업의 핵심으로 삼고 싶었기 때문입니다 .

2020 년 12 월에는 「경제와 환경의 선순환」 에 연결하기 위한 산업 정책으로 경제산업성이 「2050 년 탄소중립에 따른 녹색성장 전략」 을 제시 , 기업의 현 예금 2,400 조원을 투자로 전환하도록 촉진하려 하고 있습니다 .

보통의 노력으로는 실현할 수 없는 탄소 중립 목표를 제시함으로써 , 할 수 없는 이유를 찾기보다 한 걸음이라도 앞으로 빨리 나아갈 것을 촉구해 , 기업에 혁신 (innovation) 을 일으키는 것을 요구하고 있는 것입니다 .

Part 2

앞으로의 시대의 투자 표준

투자의 세계에서 위상이 높아지는 「ESG 투자」

코피 아난 전 유엔(UN) 사무총장이 제창한 PRI란 무엇인가요?

환경, 사회, 거버넌스의 관점이 중요시 되고 있습니다

「여러분 (투자자) 의 판단 하나로 세계가 바뀝니다」

2006 년 4 월 당시 유엔 (UN) 사무총장 코피 아난은 기관투자자들에게 이렇게 호소하며 6 가지 원칙으로 제정된 책임투자원칙 (PRI: Principles for Responsible Investment) 을 발표했습니다 .

PRI 의 제 1 원칙이 「우리는 ESG 사안을 투자분석 및 의사결정 절차에 통합할 것이다」 이듯이 , PRI 는 기관투자자 (생명보험 · 손해보험 , 은행 , 연기금 등 자산보유자로부터 자산 운용을 위탁받아 관리하는 기관을 지칭) 에게 , ESG 의 관점을 가지고 투자 대상을 선정할 것을 강하게 요구했습니다 . 간단히 말해 , 단기 이익을 우선시 하여 난개발하는 기업이나 개발도상국의 노동자를 착취하는 기업이 아니라 ESG 의 관점을 고려해 장기적인 이익 창출을 추구하는 기업에 대한 투자를 촉구한 것입니다 .

PRI 의 목적은 투자자의 힘을 이용하여 기업이 지속가능한 방향으로 행동하도록 촉구하고 지속적인 경제성장을 실현하는 것입니다 .

2021 년 6 월 말 현재 PRI 에 서명한 기관은 전 세계적으로 4,000 개를 넘었으며 , 일본의 경우 일본공적연금 (GPIF) 을 비롯해 은행 , 보험사 , 자산운용사 등 87 개사가 서명하고 있습니다 (2021 년 1 월 2 일 기준). 또한 오른쪽 페이지의 그래프를 보면 알 수 있듯이 최근 몇 년 사이 PRI 에 서명하는 기관이 급증하고 있습니다 .

PRI 는 법적 구속력을 가지고 있지 않습니다 . 그런데도 기관투자자는 지속가능한 사회를 추구하는 기업으로 투자 방향을 바꾸기 시작했습니다 . 기관투자자의 행동이 변화하면서 투자대상인 기업들도 적극적으로 ESG 관련 문제를 해결하기 위한 경영 혁신을 촉진하고 있습니다 .

PRI(책임투자원칙)의 6가지 원칙

1. 우리는 투자 분석과 의사결정 과정에 ESG 사안을 통합할 것이다.
2. 우리는 적극적인 (주식 등의) 소유자로서 활동하고 ESG 사안을 보유정책과 관행에 통합할 것이다.
3. 우리는 투자대상 기업에 대해서 ESG 사안에 대한 적절한 공시를 요구할 것이다.
4. 우리는 자산운용업계에서 책임투자원칙의 수용과 실천을 촉진할 것이다.
5. 우리는 책임투자원칙 실천의 효율성을 개선하기 위해 협력할 것이다.
6. 우리는 책임투자원칙의 실천에 관한 활동과 진척 상황에 관해 보고할 것이다.

PRI에 서명한 기관 현황

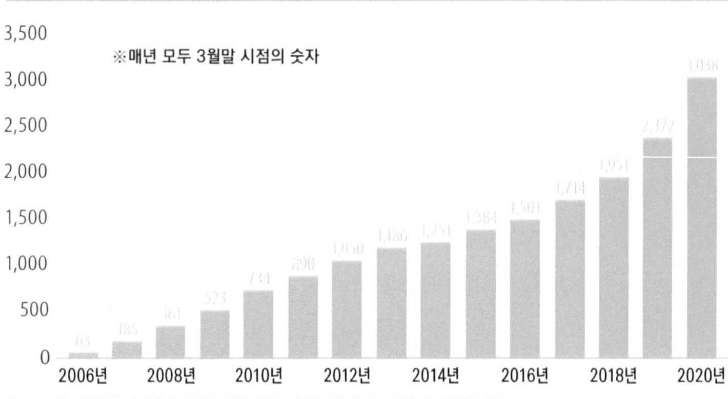

출처: PRI, 2021년 6월말 현재 전 세계적으로 4,000개 이상의 기관이 PRI에 서명

핵심 요약

- ☐ PRI는 기관투자자의 행동을 바꾸는 계기가 됨
- ☐ PRI의 회원들은 여섯 가지 원칙을 준수해야 함

투자의 표준이 되고 있는 「ESG투자」란 무엇인가요?

「비재무정보」에 착안하는 것이 ESG 투자입니다

2020 년 1 월 미국 최대 자산운용사 블랙록의 CEO 래리 핑크는 " 기후변화 리스크를 투자 리스크로 인식하고 ESG 투자를 근본적으로 강화하겠다 " 고 선언해 화제가 되었습니다 .

ESG 투자는 환경 , 사회 , 거버넌스에 적극적으로 대응하는 기업을 중요하게 고려하고 선별하는 투자입니다 . PRI (34 페이지) 를 계기로 확대되기 시작한 ESG 투자는 이제 전 세계적으로 영향력을 가진 기관투자자들에게 힘을 실어줄 수 있도록 투자의 표준이 되고 있습니다 .

지금까지 투자자는 투자대상을 선정할 때 경영 성과가 기재된 재무제표 (대차대조표 , 손익계산서 , 현금흐름표) 의 매출액과 영업이익 등의 「재무정보」를 중시해 왔습니다 .

그러나 ESG 투자는 재무정보 뿐 아니라 온실가스 배출량이나 고객 만족도, 여성 관리직 비율이라고 하는 「비재무정보 (86 페이지에서 설명 , ESG 정보)」 를 중시합니다 . ESG 평가가 우수한 기업은 시간이 지남에 따라 투자자나 소비자 , 협력사 등 이해관계자들로부터 지지를 얻어 장기적으로 매출이나 이익 등이 증가할 것이라고 생각하기 때문입니다 . 이는 비재무정보가 지속적인 기업 성장력의 원천이라고 인식하는 것입니다 .

ESG 투자는 기관투자자가 기업에 단기적 이익을 지나치게 요구한 결과 , 기업이 그에 부응하기 위해 아동 노동을 통한 비용 절감 , 폐기물의 부적절한 취급 , 부정회계와 뇌물 등에 손을 댄 것에 대한 반성의 산물이라고 할 수 있습니다 . 기관투자자의 자금력을 통해 기업의 시선을 ' 단기 이익 추구 ' 에서 시간이 걸리는 'ESG 사안 해결 ' 로 바꾸고 ' 장기적 이익 ' 을 지향하는 것이 ESG 투자입니다 .

ESG 투자란?

재무정보

- 영업이익
- 매출액 성장률
- PER(주가수익률) 등

기존보다 투자에서 중시되었다!

비재무정보 (ESG정보)

- E (온실 효과 가스 배출량 등)
- S (여성 관리직 비율 등)
- G (사외이사의 수 등)

ESG투자는 「재무정보」뿐만 아니라 「비재무정보」에 주목하는 투자

비재무정보(ESG 정보)와 투자시간 축과의 관계

출처 : 일본 환경청 주최 ESG검토회(2017). ESG투자에 관한 기초적인 견해

핵심 요약	
	☐ 「비재무정보」에 주목한 투자 방식이 「ESG 투자」
	☐ ESG 투자는 단기적 이익이 아닌 장기적 이익을 지향

ESG투자와 SRI(사회책임투자)는 무슨 차이가 있나요?

ESG 투자, SRI 가 비재무정보를 고려하는 점에서는 동일

ESG 투자와 비슷한 개념으로 「사회책임투자 (SRI, Socially Responsible Investment)」 가 있습니다 . SRI 는 일반적으로 투자대상이 되는 기업의 CSR (24 페이지) 활동에 주목하여 경제적 이익 뿐 아니라 , 사회 · 환경에 가져오는 영향까지 고려하면서 투자를 통해 더 나은 세계에 공헌하는 전략적 투자를 가리킵니다 .

이 개념은 결코 새로운 것이 아닙니다 . 1920 년대의 미국 기독교에서 자산을 운용할 때 교리에 반하는 무기 , 도박 , 담배 , 알코올 등에 관련된 기업에 투자하지 않겠다는 네거티브 스크리닝 (48 페이지) 을 한 것이 기원이 되고 있습니다 . 이 기원에서도 알 수 있듯이 SRI 는 윤리적인 가치관을 중시하는 것이 특징이라고 할 수 있습니다 .

한편 ESG 투자는 「환경 · 사회 · 거버넌스」 를 고려하는 것이 장기적인 기업 가치의 향상으로 이어진다고 믿는 – 결과적으로 수익이 증대될 것으로 판단하여 투자하는 방법입니다 .

SRI 나 ESG 투자가 비재무정보를 고려한다는 점에서는 동일하지만 , SRI 는「사회 , 환경을 고려하면 비용이 높아져 , 경제적인 이익이 감소한다」 라고 인식하면서도 ,「세상을 위해서」 라는 강한 사명감을 가지는 윤리적 의식이 높은 사람만이 추구한다는 인식이 있었습니다 . 반면 ESG 투자는 투자의 본질적 목적인 수익을 추구합니다 .

다양한 연구나 객관적인 데이터에서도 ESG 투자는 일반 투자방식보다 투자수익이 높아지는 것이 증명되면서 투자자들로부터 중요시 되고 있습니다 .

ESG투자와 SRI의 차이점

ESG 투자		SRI (사회책임투자)
2006년 PRI 제정	기원	1920년대
지속가능성을 고려한 투자수익 추구	투자의 목적	투자자의 윤리적 기준 반영
투자 수익	가장 중시되는것	윤리적 가치관
7가지 방법 (48페이지 참조) 에 의한 투자	투자방법	술, 담배, 무기, 도박 등과 관련된 종목에 투자 제한
중·장기	투자에 대한 입장	중·장기

투자라는 측면에서 수익이 없으면, 지속가능하지 않다는 관점이 중요!

핵심 요약	☐ ESG 투자는 장기적인 관점에서 수익을 추구함 ☐ SRI는 수익보다 윤리적 가치관이 우선된다는 인식이 있음

글로벌 투자 총액 30조 달러 초과! 급증하는 ESG 투자 규모

미국, EU 중심으로 세계적으로 고성장중인「ESG 투자」

글로벌 ESG 투자액에 대한 통계를 집계하는 국제단체인 GSIA(Global Sustainable Investment Alliance: 세계 지속가능투자연합) 보고서「2018 Global Sustainable Investment Review (GSIR)」에 따르면 , 2018 년 글로벌 ESG 투자 규모는 2016 년 22 조 8,900 억 달러 (2 경 7,239 조원 , 이하 환율은 2022 년 1 월 기준) 에서 34.0% 증가한 30 조 6,830 억 달러 (약 3 경 6,512 조원) 가 되었습니다 .

2016 년 초 시점의 전세계 투자 총액에 차지하는 ESG 투자의 비율은 약 4 분의 1 이었습니다 . 그런데 2018 년 연초 시점에서는 35.4% 로 3 분의 1 이상으로 증가하였고 , 이후 증가 추세는 더욱 가파르게 상승하는 것으로 보입니다 . 이러한 추세를 통해서 알 수 있는 점은 ESG 에 민감하지 않은 기업은 해가 지남에 따라 기관투자자의 투자 대상에서 배제된다는 것입니다 .

46 페이지에서 설명하겠지만 유럽 , 미국에 비해 늦었던 일본은 2018 년 이후 ESG 투자 규모가 급격히 증가하여 2020 년 운용 총액에서 차지하는 ESG 투자 비율이 전체의 절반에 근접해 있습니다 . 이 배경에는 2017 년 일본 연금을 운용하는 세계 최대 기관투자자인 공적연금펀드 (GPIF) 에서 ESG 투자를 시작한 것이 큰 영향을 미쳤습니다 .

또한 기관투자자의 대표격인 최대 생명보험사 일본생명 (NISSAY) 이 2021 년부터 모든 운용자산에서 ESG 관점을 고려한 운영에 나설 것을 표명하는 등 일본에서도 ESG 투자를 적극화하는 움직임이 활발해지고 있습니다 .

글로벌 ESG투자 잔고추이

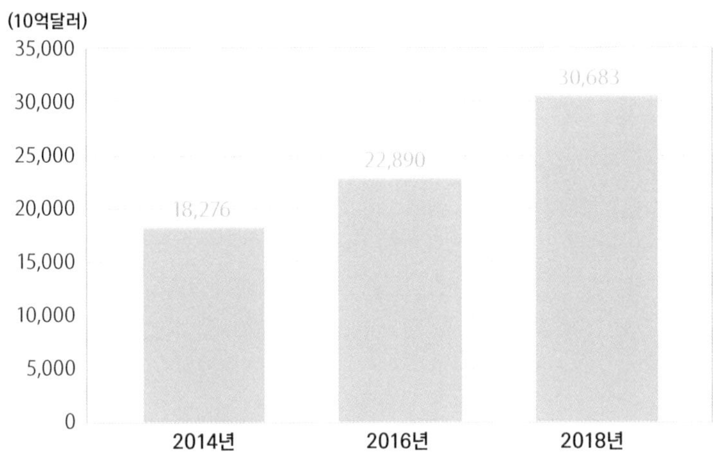

출처 : GSIA「Global Sustainable Investment Review 2018」

ESG투자 국가 지역별 추이

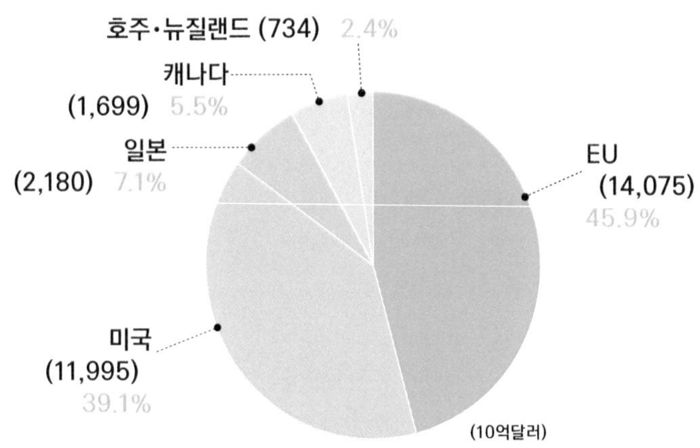

출처 : GSIA「Global Sustainable Investment Review 2018」

핵심 요약

- ☐ ESG 투자는 서구 국가를 중심으로 급증하고 있음
- ☐ 일본의 경우 GPIF에 의한 ESG 투자 시작이 크게 흐름을 바꿈

흐름을 크게 바꾼 GPIF의 ESG투자에 대한 사고방식

GPIF 는 「ESG」를 중시하는 국민과의 약속

일본공적연금 GPIF 는 2020 년 12 월 말 현재 약 179 조엔 (한화 1,860 조원 상당 , 2022 년 1 월 기준) 을 운용하는 세계 최대의 기관투자자입니다 .

GPIF 와 같이 투자 규모가 크고 자본시장 전체에 폭넓게 분산 운용하는 투자자를 「유니버설 오너 (Universal Owner)」 라고 부릅니다 . 이러한 유니버설 오너가 장기적으로 안정적인 수익을 얻으려면 투자회사의 기업 가치가 장기적으로 증가하고 , 자본시장 전체가 지속적이고 안정적으로 성장하는 것이 중요합니다 .

ESG 과제의 해결이 강하게 인식되고 자본 시장에서 환경 문제나 사회 문제의 영향을 피할 수 없는 이상 , 기관투자자에게 ESG 과제 해결은 더 이상 남의 일이 아닙니다 . 온실가스 배출량 감축에 소극적인 기업이나 아동노동에 관여하는 기업이 늘어날 경우 , GPIF 와 같이 거대한 자금을 운영하는 기관투자자는 분산 운용이 불가능하며 수익자 (GPIF 의 경우 연금보험료를 지불하고 연금으로 받는 국민) 의 「투자수익 추구」 와 수탁자 책임 (연금제도 운용 및 연금자산 운용관리에 종사하는 사람이 해야 할 책임) 에 응할 수 없게 되어 버리기 때문입니다 .

GPIF 는 2015 년 9 월에 PRI 에 서명하고 2017 년 10 월에 국민과의 약속인 「투자 원칙 (오른쪽 페이지 참조)」 을 개정하여 주식 · 채권 등 모든 자산으로 ESG 를 고려한 투자 정책을 강하게 밝혔습니다 . 그러자 일본 내 기관투자자들이 GPIF 의 행동에 추종하며 ESG 투자에 적극적이 되어 지금은 「지속가능한 사회의 실현」 과 「투자수익 추구」 를 양립시키는 ESG 투자가 주류가 되고 있습니다 .

GPIF 운용자산액.자산구성비(2020년 12월말 기준)

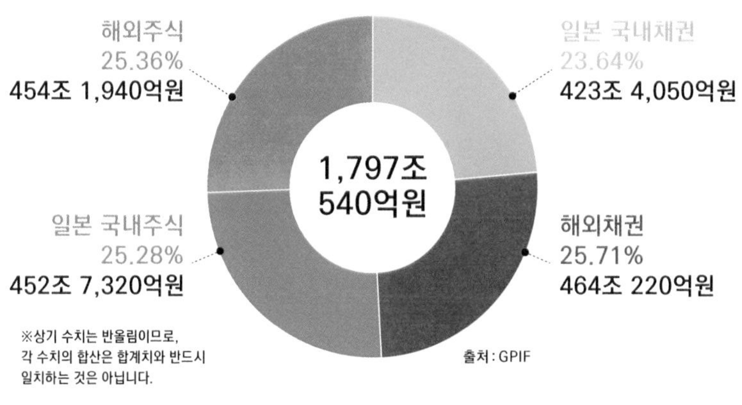

GPIF의「투자원칙」

1. 연금사업의 운용 안정에 이바지하도록 피보험자 이익을 위해 장기적인 관점에서 연금재정상 필요한 수익률을 최소한의 리스크로 확보하는 것을 목표로 한다.

2. 자산, 지역, 시간 등 분산 투자를 기본으로 하고, 단기적으로는 시장 가격 변동 등은 있지만, 장기 투자기간을 살려, 보다 안정적으로, 보다 효율적으로 수익을 확보하여 연금 급여에 필요한 유동성을 확보한다.

3. 기본 포트폴리오를 책정하고, 자산 전체, 각 자산군, 각 운용수탁기관 등 각각의 단계에서 리스크 관리를 실시함과 동시에, 패시브 운용과 액티브 운용을 병용해, 벤치마크 수익률(시장 평균 수익률)을 확보하는 한편, 수익을 창출하는 투자 기회의 발굴에 노력한다.

4. 투자자 및 시장 전체의 지속적 성장이 운용 자산의 장기적 투자 수익을 확대하는 데 필요하다는 생각을 토대로 피보험자 이익을 위해 장기적인 수익을 확보하는 관점에서 재무적 요소 이외에 비재무적 요소인 ESG(환경·사회·지배구조)를 고려한 투자를 추진한다.

5. 장기적 투자 수익 확대를 도모하는 관점에서 투자처 및 시장 전체의 장기 지향과 지속적인 성장을 촉진하는 스튜어드십 같은 다양한 활동 (ESG를 고려한 대처 포함)을 진행한다.

핵심 요약	
	□ GPIF는 모든 자산에서 ESG를 고려한 자세를 내세움
	□ 영향력이 큰 GPIF를 따르는 기관 투자가가 증가하고 있음

GPIF는 일부 자산을 7가지 ESG 지수에 연동 운용 중

일본 ESG 투자의 선구자가 된 GPIF

GPIF 는 2017 년 10 월에 개정한 투자원칙 (42 페이지) 에 따라 모든 자산에서 ESG 요소를 고려한 투자를 진행하고 있습니다 . 또한 2020 년 2 월에 「적립금 기본 지침」 을 개정하여 장기 수익을 확보하는 관점에서 「비재무 요소인 ESG 를 고려한 투자 추진에 대해 개별적으로 검토 한 후 필요한 노력 경주」 와 ESG 투자에 주력하는 자세를 내세웠습니다 .

이를 받아 새로 시작한 것이 GPIF 가 선정하는 「ESG 지수」 연동 운용입니다 . 2017 년 7 월에 3 가지 ESG 지수를 선정 · 공표하여 약 10 조원 규모로 ESG 투자를 시작한 후 단계적으로 규모를 확대하였습니다 . 2018 년 9 월에 2 개 ESG 지수를 추가한 후 2020 년 12 월에 다시 2 개를 추가하여 2021 년 5 월 현재 총 7 개의 ESG 지수를 선택했습니다 (오른쪽 페이지 표 참조). 2020 년 3 월 말 현재 일본에서 ESG 지수를 기반으로 한 운영 금액 규모는 59 조원을 넘습니다 .

ESG 지수는 ESG 평가가 우수한 기업으로 구성된 주가 지수입니다 . 그리고 ESG 중 「E(환경)」 부분에 주목하거나 「S(사회)」 중에서도 여성의 사회 활동에 주목하는 등 ESG 지수별 각각의 특징이 있어 , 기업을 평가하는 방법은 다릅니다 .

GPIF 가 투자 대상으로 하는 ESG 지수의 구성 주식에 상장기업이 채택되면 주목도가 높아지고 주가 상승 요인이 되기 때문에 ESG 지수 채택과 ESG 이니셔티브에 적극적입니다 . 결국 GPIF 가 ESG 투자에 초점을 맞춘 것은 상장기업이 ESG 문제에 적극적으로 나서게 하려는 인센티브입니다 .

GPIF 선정 7가지 ESG 지수

종합형 지수		테마형 지수
	E(환경)	국내주 S&P/JPX 카본·이피션트 지수 《운용액》 9조 8,020억원
국내주 FTSE 블라썸 재팬 인덱스 《운용액》 9조 3,140억원		해외주 S&P글로벌 중대형주식 카본·이피션트 지수 (일본제외) 《운용액》 17조 1,060억원
국내주 MSCI 재팬 ESG셀렉트·리더지수 《운용액》 13조 160억원	S(사회)	국내주 MSCI 일본주 여성활약지수 (일명「WIN」) 《운용액》 7조 9,780억원
해외주 MSCI ACWI ESG 유니버설 지수 ●2020년 12월에 신규 설정	G(거버넌스)	해외주 Morningstar 젠더·다양성 지수 (일명「GenDi」) ●2020년 12월에 신규 설정

※ 운용액은 2020년 3월 기준 출처:GPIF

핵심 요약	
	□ GPIF는 7가지 ESG 지수를 선정하여 ESG투자를 운용함 □ 2020년 3월 말 ESG지수에 따른 운용 규모는 59조원 이상

「ESG 투자」의 시장 규모가 크게 증가하고 있습니다

기관 투자자의 투자 잔고 절반 이상은 「ESG」를 고려

일본 지속가능한 투자 포럼(JSIF)은 「투자 분석 및 투자 포트폴리오 결정 프로세스에 ESG 과제를 감안하고 투자대상의 지속성을 고려하는 투자」라고 정의하는 「지속가능투자 현황」을 발표하고 있습니다.

JSIF가 일본 내 기관투자자 등을 조사하여 파악한 국내 지속가능투자 잔액은 2014년에는 8조 4,000억원 정도 규모였지만, 2020년에는 3,100조원 규모로 6년만에 369배나 증가했습니다. 오른쪽 페이지의 그래프에서 2020년 투자 잔액이 2019년 336조엔에서 약 26조엔 감소하고 있는데, 이는 코로나 19 대유행으로 집계 시기였던 2020년 3월말 시점에서 세계 주요 주식시장이 대폭 하락했던 영향을 감안해야 합니다. 그 후 2020년 4월부터 세계 주요 주식시장은 상승세로 바뀌고 미국 다우지수평균주가는 같은 해 11월에 사상 첫 3만 달러를 돌파하고, 닛케이 평균 주가도 2021년 2월 30년 반 만에 3만엔 대를 회복했기 때문에 2020년 지속가능한 투자 잔액 규모는 그 점을 감안해야 합니다.

전체 투자 규모에서 차지하는 지속가능한 투자 비율은 2015년 11.4%였지만 2020년에는 51.6%로 증가했습니다. 일본에서도 일본생명이 2021년부터 전체 운용자산을 ESG 관점으로 운용하는 것을 표명하는 등 급속히 ESG 투자로 방향을 틀고 있습니다.

기관투자자에 의한 ESG 투자는 이제 메인 스트림입니다. 이제 ESG 과제를 해결하기 위해 노력하지 않는 기업은 기관투자자로부터 투자 대상으로 선택되지 않고 있는 것으로 파악됩니다.

지속가능한 투자 규모 합계

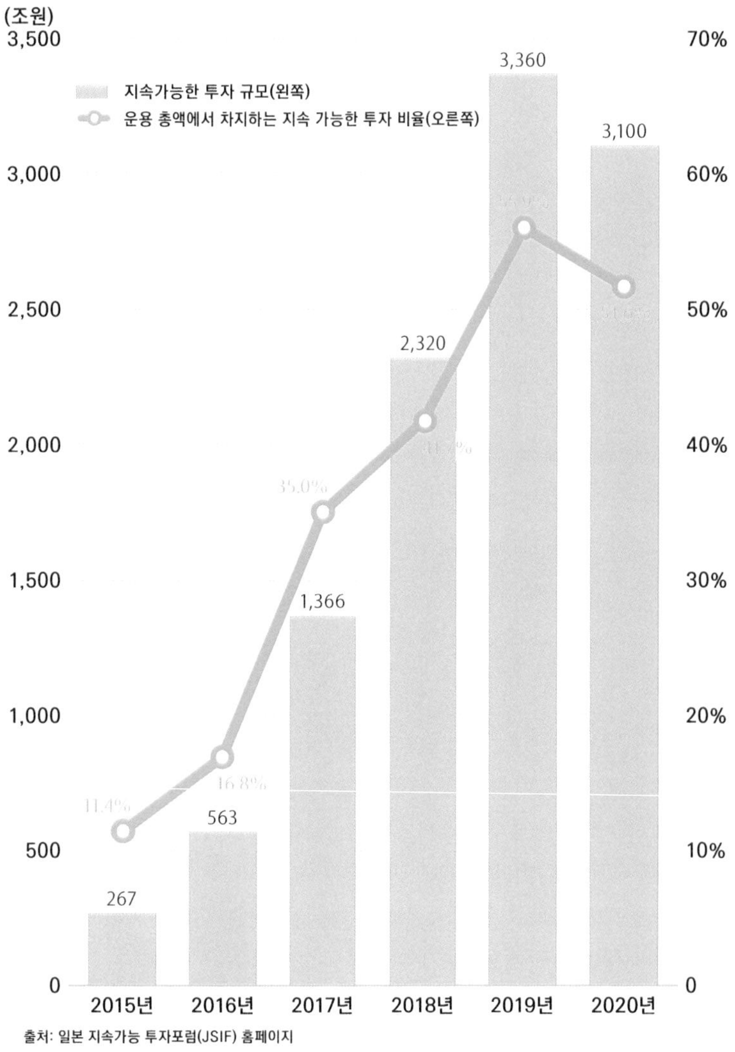

출처: 일본 지속가능 투자포럼(JSIF) 홈페이지

핵심 요약

- □ 현재 일본에서 ESG투자는 전체 투자 잔액의 절반 이상 규모
- □ 2020년 투자 규모가 감소한 것은 코로나 19 대유행의 영향

기관투자자의 7가지 ESG투자 기법을 알아봅시다

ESG 투자에는 다양한 접근 방식이 있습니다

미래의 사업리스크 관리와 경쟁력 강화를 위해 적극적으로 비재무정보를 활용하여 시장평균보다 큰 수익을 목표로 하는 ESG 투자에는 몇 가지 방법이 있으며, GSIA(40 페이지)은 다음 7 가지를 ESG 투자 기법으로 정의합니다.

① 네거티브 스크리닝 … 무기, 도박, 담배, 화석연료, 원자력 관련 기업을 투자대상에서 제외하는 기법

② 포지티브 스크리닝 … ESG 에 적극적인 기업은 중장기적으로 성장 대상으로 생각하고 ESG 평가가 높은 기업에 집중 투자하는 기법

③ 규범에 근거한 스크리닝 … 인권이나 환경 분야의 국제적 규범에 대한 대응이 불충분한 기업을 투자 리스트로부터 제외하는 기법

④ ESG 통합 … 재무정보 뿐만 아니라 비재무정보(ESG 정보)를 포함하여 투자 대상을 분석하고 폭넓게 분산 투자하는 방법

⑤ 지속가능성 테마 투자 … 지속가능성과 관련된 테마 또는 자산에 투자하는 기법으로, 예를 들어 친환경 에너지, 친환경 기술, 지속 가능한 농업에 대한 투자 등

⑥ 임팩트 투자 / 커뮤니티 투자 … 투자에 의해 생겨나는 환경이나 사회에의 임팩트(결과가 가져오는 본질적인 변화)를 중시하는 투자 기법이며, 사회적 약자나 사회에서 배제된 커뮤니티에 대한 것은 「커뮤니티 투자」

⑦ 참여 · 의결권 행사 … 주주로서 적극적으로 기업에 개입하는 투자 기법으로, 주주총회에서의 의결권 행사, 정보공개 요구 등 대화와 참여를 통해 투자처가 ESG 기반 경영 혁신을 실행할 것을 요구

ESG 투자의 7가지 기법별 자산 규모

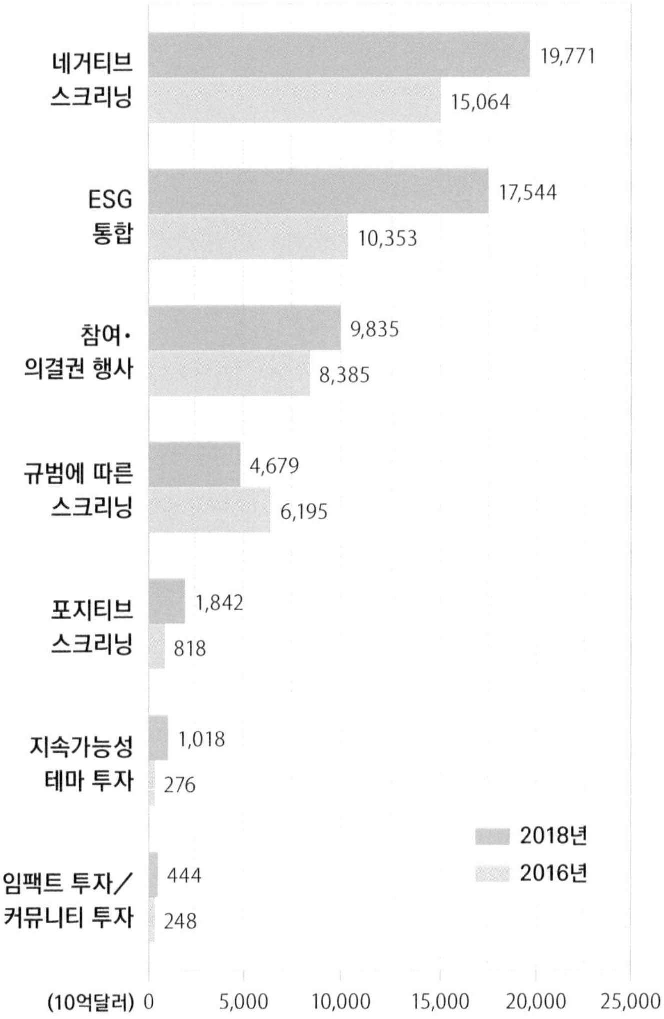

네거티브 스크리닝
19,771
15,064
ESG 통합
17,544
10,353
참여·의결권 행사
9,835
8,385
규범에 따른 스크리닝
4,679
6,195
포지티브 스크리닝
1,842
818
지속가능성 테마 투자
1,018
276
임팩트 투자/커뮤니티 투자
444
248
2018년
2016년
(10억달러) 0
5,000
10,000
15,000
20,000
25,000

출처 : GSIA 'Global Sustainable Investment Review 2018'을 바탕으로 작성

핵심 요약
- ☐ ESG 투자에는 크게 7개의 투자 기법이 있음
- ☐ 네거티브 스크리닝과 ESG 통합이 주류임

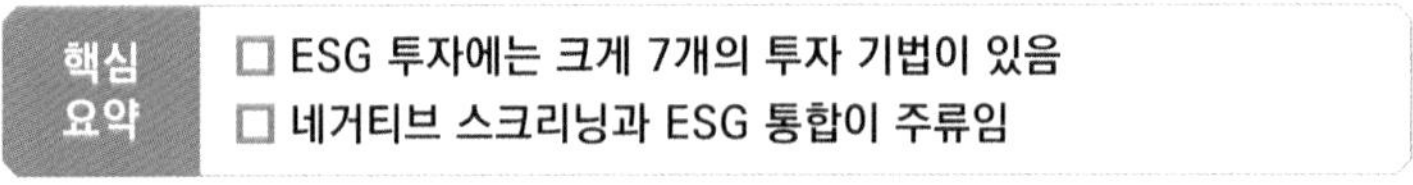

ESG 투자를 둘러싼 기관투자자의 움직임을 알아봅시다

유럽과 미국 기관투자자의 대하는 방식은 다르다

세계적으로 볼 때 ESG 투자에서 존재감이 가장 큰 건 유럽의 기관투자자이고 특히 기후변화 대응 등에 대한 자세는 다른 나라 , 지역의 기관투자자들과는 비교가 안 될 정도로 적극적입니다 .

그럼 유럽 기관투자자들은 왜 그렇게까지 적극적인 것일까요 ? 거기에는 몇 가지 이유가 있습니다 . ① 유럽에서는 기업 · 정부가 환경 규제의 표준화에 적극적입니다 , ② 일반 시민의 ESG 투자에 대한 주목도가 높습니다 , ③ 유럽에서는 환경 NPO(민간비영리단체)·NGO(비정부기구) 의 발언력 · 영향력이 강합니다 . 위와 같은 점들이 영향을 주고 있다고 보고 있습니다

유럽의 기관투자가는 적극적으로 기업경영에 개입하는 자세가 강하다고 여겨지고 , 석탄 화력으로부터의 투자회수 (52 페이지) 로 대표되듯이 , 환경 · 사회에 악영향을 미칠 것 같은 투자처를 제외하는 「네거티브 스크리닝」 이 주류입니다 .

한편 , 미국 기관투자자는 경제적 수익 추구 경향이 강한 것으로 보입니다 . 즉 , 'ESG 가 돈을 벌 것 같아서 ' 라는 이유로 투자를 하기 때문에 달리 보면 ' 돈을 벌지 못한다 ' 고 판단되면 ESG 투자가 수그러들 수도 있다는 것입니다 .

일본 기관투자자는 구미에 비해 ESG 투자의 경험과 역사가 얕은 경우도 있고 , 구미의 기관투자자 만큼 ESG 투자에 대한 입장이 분명하지 않는 경향이 있습니다 . 사회적 투자 수익을 고려한 투자에 적극적인 입장을 보이는 기관투자자가 있는가 하면 , 평판 개선 효과를 주 목적으로 하는 곳도 있어 , 각각의 기관투자자 별 스탠스는 제각각이라고 할 수 있습니다 .

EU·미국·일본 기관투자자의「ESG투자」사고 방식 차이

기업 경영에 개입하는 경향이 강함

→ 정부와 사회에서 ESG 요소에 대한 대응을 강력히 요구

경제적 투자수익율을 요구하는 경향이 강함

→ 전통적으로 이익 극대화를 우선하고 투자 수익을 희생하지 않는 투자 입장

유럽, 미국 처럼 분명하지 않고, 기관 투자자에 따라 제각각

→ 최근에는 ESG통합이 주류이며, 어떤 방식이든 미국에 가까운 경향이 강함

ESG투자 기법과 지역별 내역

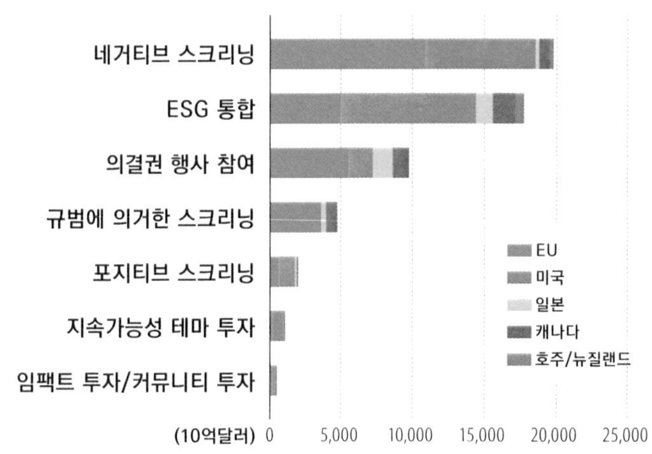

출처 : GSIA「Global Sustainable Investment Review 2018」

핵심 요약

- ☐ 유럽은 사회적, 미국은 경제적 혜택을 추구하는 경향이 강함
- ☐ ESG 투자에 대한 일본 기관투자자 입장은 미국에 가까운 경향

다이베스트먼트(투자회수) - 투자 대상에서 제외되는 기업이란?

기관투자자의 「투자회수」 움직임이 활발해지고 있다

38 페이지에서 언급했듯이 1920 년대에 미국 기독교가 자산운용을 할 때 종교적인 관점에서 담배 , 알코올 , 도박 등에 관련된 기업을 투자 대상에서 제외하고 투자금을 회수하는 「다이베스트먼트 (투자회수)」를 실시했습니다 . 이것이 다이베스트먼트의 선구라고 합니다 .

1980 년대에 남아프리카의 인종차별정책 (아파르트헤이트) 에 반대하는 운동이 확산되자 , 각국의 대학 기금이나 공적 연금 등이 남아프리카에 진출한 기업의 주식을 매각했습니다 .1990 년대에는 오존층 파괴 등 환경 문제가 주목받으면서 CSR(기업의 사회적 책임) 에 대한 요구가 높아져 , 이익 지상주의의 탐욕스러운 기업을 바라보는 시선이 엄숙해져 갔습니다 . 그후 2010 년 8 월에 대량살상무기인 집속탄 생산 등을 금지하는 오슬로 조약이 발효되자 노르웨이 국부펀드 (GPFG) 나 구미의 기관투자자 등이 인도적인 관점에서 집속탄 관련 기업에 대한 투자를 철회하는 등 움직임이 퍼져 갔습니다 .

최근에는 기후위기가 심해지면서 화석연료 관련 기업에 대한 투자회수가 확대되고 있습니다 . 재생 가능 에너지 비율을 높이는 등 사업구조 전환을 요구하는 기관투자자가 늘고 있습니다 . 2021 년 5 월 현재 1,300 개 이상의 기관투자자가 화석연료에서 투자 철수를 표명했으며 그 운용 자산 규모는 14.56 조 달러 (약 16,000 조원) 를 넘고 있습니다 .

하지만 여전히 GPIF 는 기업과의 약속 (Engagement) 에 의한 개선을 중시하기 위해 , 주식 매각 등의 투자회수는 하지 않을 방침입니다 .

화석연료 투자회수 개요

화석연료 투자철회/회수를
약속한
기관투자자의 수
1,319
투자회수를 약속한
기관투자자의 자산총액
14조 5,600억 달러
(약16,000조원)

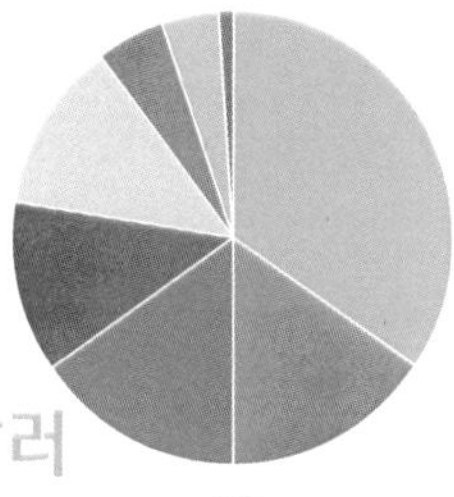

출처 : Fossil Free

기관투자자 내역

- 종교단체 ········ 34%
- 교육기관 ········ 15%
- 자선재단 ········ 15%
- 정부 ········ 12%
- 연금기금 ········ 12%
- 기업 ········ 5%
- NGO ········ 4%
- 의료기관 ········ 1%
- 문화시설 ········ 0%
- 기타 ········ 0%

노르웨이의 연기금 KLP에 의한 일본 기업 투자회수

기업명	철회이유	시기
일본담배산업(JT)	담배	1999년 1월
동경전력	환경	2013년 12월
호쿠리쿠전력	석탄	2014년 12월
전원개발(J-POWER)	석탄	2015년 6월
시고쿠전력	석탄	2015년 12월
북해도전력	석탄	2016년 6월
오키나와전력	석탄	2016년 6월
주고쿠전력	석탄	2017년 1월
아사히 그룹 홀딩스	알코올(술)	2019년 6월
기린 홀딩스	알코올(술)	2019년 6월

기업명	철회이유	시기
삿포로 홀딩스	알코올(술)	2019년 6월
다카라 홀딩스	알코올(술)	2019년 6월
동북전력	석탄	2019년 6월
중부전력	석탄	2019년 6월
관서전력	석탄	2019년 6월
구주전력	석탄	2019년 6월
미쓰이물산	석탄	2019년 6월
동경도 경마	도박	2019년 6월
요미우리 랜드	도박	2019년 6월

출처 : KLP 홈페이지

핵심 요약
- □ 화석 연료에 관한 기업에 대한 투자회수가 늘고 있음
- □ 일본 기업들도 해외 연기금에서 투자철회 대상이 되고 있음

2020년 이후 급증한 개인투자자의 지속가능한 투자 규모

개인투자자들도 적극적으로 ESG 투자를 하고 있습니다

일본에서도「ESG」,「지속가능성」,「SDGs」라는 말에 대한 관심이 높아진 것을 배경으로, 개인 금융상품 투자신탁 · 채권 잔액이 2020 년 이후 크게 급증하고 있습니다. 장기적인 안목을 가지고 이익을 추구하는 개미투자자들이 늘고 있는 것입니다.

개인투자자의 요구에 부응하는 형태로 상품 라인업도 증가하고 있으며, 다양한 투자상품이 이미 판매되고 있습니다.

예를 들면, 가마쿠라 투자신탁이 운용하는「유이 (맺음) 2101」펀드는, 회사와 관련된 모든 이해관계자와의 조화를 도모하면서 성장하는 앞으로 정말 필요한 " 좋은 회사 " 를 발굴해 투자하는 투자신탁입니다. 홈페이지에서는 투자처인 " 좋은 회사 " 에 왜 투자하고 있는지 그 이유를 알기 쉽게 공표하고 있으므로 투자할 때 ESG 의 관점을 어떻게 가지면 좋은지 참고가 됩니다.

또한 다이와 에셋매니지먼트가 설정 · 운용하는「여성 활약 응원펀드 (애칭 : 동백) 처럼 " 여성 활약으로 성장이 기대가 되는 기업에 투자한다 " 등 테마형 투자신탁 금융상품도 인기를 끌고 있습니다. 개인용 투자 채권에서는 조달한 자금을 환경 프로젝트에만 사용하는「그린 본드」나 사회적 격차를 시정, 해소하는 프로젝트에만 사용하는「소셜 본드」등 사회공헌형 채권에 대한 투자가 늘고 있습니다.

지금까지는 ' 돈 벌면 다 좋은거 아니냐 ' 고 생각하기 일쑤였던 개인투자자들도「사회공헌」과「이익」모두를 얻으려는 투자상품에 대해 적극적으로 투자하게 되었습니다.

개인 금융상품의 지속가능한 투자 규모

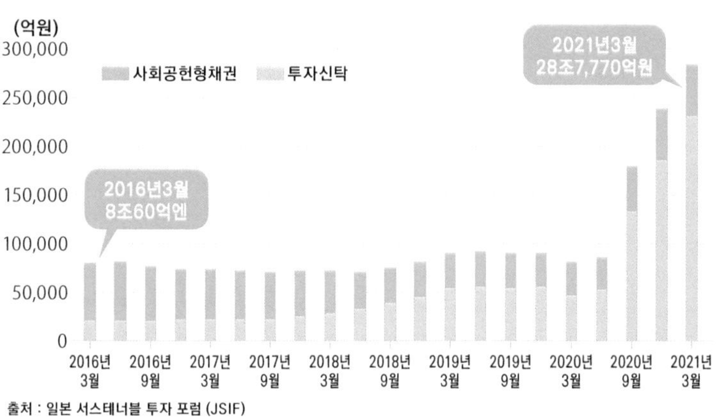

출처 : 일본 서스테너블 투자 포럼 (JSIF)

일본에서 판매되고 있는 주요 ESG펀드(2021년 5월말)

	펀드명	평가항목	운용사명	순자산액(억원)
국내주식형	유이(맺음)2101	CSR	가마쿠라투신	4,781
국내주식형	여성활약응원펀드 (애칭 : 동백)	위미 노믹스	다이와 에셋 매니지먼트	2,399
국내주식형	닛세이 건강 응원 펀드	건강	닛세이 애셋 매니지먼트	2,713
국내주식형	NZAM 상장 투신 S&P/JPX 카본 이피션트 지수	환경	농림중금전공련(농협) 애셋 매니지먼트	2,857
해외주식형	글로벌 ESG 고퀄리티 성장주식펀드(환헤지없음)	ESG	에셋 매니지먼트 One	106,847
해외주식형	노무라블랙록순환경제관련주투신 B코스(환헤지 없음)	환경	노무라에셋 매니지먼트	9,716
해외주식형	세계임팩트투자펀드 (애칭 : Better World)	임팩트 투자	미츠이스미토모DS 에셋 매니지먼트	3,775

핵심 요약
- □ 2020년 이후 개인투자자에게도 ESG 투자가 인기
- □ ESG 펀드의 종목 선정 기준을 보면 참고가 됨

궁금한 ESG투자 수익률은 어떤지 살펴봅시다

ESG 투자는 3 년간의 시장 평균 수익률을 웃돌았습니다

ESG 투자에서 투자수익률을 중시하는 이상 실제 성과가 어떨지 궁금한데요 . 여기서 참고가 되는 것은 일본 국내 ESG 투자를 선도하는 GPIF 가 선정한 ESG 지수의 움직임입니다 . 그래서 GPIF 의 「2019 년도 ESG 활동보고」부터 그 성과를 확인해보겠습니다 .

오른쪽 페이지 표는 GPIF 가 선정한 ESG 지수 (44 페이지) 의 2017 년 4 월부터 2020 년 3 월까지 3 년간의 성과를 나타낸 것인데 , 연간 수익률 기준으로 시장 평균 (일본 국내 주식 : TOPIX, 해외 주식 : MSCIACWI(일본 제외)) 를 웃도는 성적을 남기고 있습니다 .

단 3 년간이라는 짧은 기간의 결과라는 점에는 주의가 필요합니다 . ESG 투자는 ' 사회의 지속적인 성장에 기여하는 기업군은 장기적인 성과도 우수할 것 ' 이라는 전제 하의 투자 기법으로 장기적인 검증이 필요하기 때문입니다 . 2020 년 7 월 일본 은행이 발표한 리포트에서도 여전히 「많은 기관투자자는 ESG 요소와 금전적 수익률의 관계성에 확신을 가지지 못한다 .」 라고 밝히고 있습니다 .

그렇지만 앞으로도 ESG 지수가 시장 평균 수익률을 계속 상회하면 「ESG 지수투자는 ESG 과제를 해결하면서 투자 성과도 낼 수 있다」 라는 인센티브가 작용하여 , ESG 투자 관련 주식 및 채권 가격 상승의 계기가 될 것입니다 .

연금수령자인 가입자를 위해서 「수탁자 책임」 을 지는 GPIF 는 투자효과가 있다는 대전제로 ESG 투자를 운용하고 있습니다 . 그 결과는 장래에 수령할 연금에 영향을 미치기 때문에 향후 동향에 주목할 필요가 있습니다 .

GPIF가 선정한 ESG 지수의 성과

일본 주식 대상 ESG지수	2017년4월~2020년3월 (연율 환산후)		
	당해지수	모 지수	TOPIX
MSCI 재팬 ESG 셀렉트·리더스 지수 MSCI Japan Select Leaders Index (모지수 : MSCI 재팬 IMI 중 시가총액 상위 700개 종목)	2.24%	0.09%	▲0.14%
MSCI 일본주 여성활약지수 (WIN) (모지수 : MSCI 재팬 IMI 중 시가총액 상위 500개 종목)	1.99%	0.17%	▲0.14%
FTSE 블라썸 재팬 지수 Blossom Japan (모지수 : FTSE JAPAN INDEX)	0.15%	0.08%	▲0.14%
S&P/JPX 카본·이피션트 지수 S&P/JPX Carbon Efficient Index (모지수 : TOPIX)	0.10%	▲0.14%	▲0.14%

해외 주식 대상 ESG지수	2017년4월~2020년3월 (연율 환산후)		
	당해지수	모 지수	TOPIX
S&P 글로벌·카본·이피션트 지수 Ex-Japan LargeMidCap Carbon Efficient Index (모지수 : S&P 중대형주 지수 (일본제외))	1.28%	1.13%	0.92%

출처: GPIF 「2019년도 ESG활동 보고」

모 지수와 GPIF가 선정한 ESG 지수의 관계

예) MSCI 재팬 ESG 셀렉트 리더스 지수의 경우

핵심 요약

- ☐ GPIF의 ESG 지수는 시장 평균을 웃도는 성적을 냈음
- ☐ 일부 투자자들은 ESG 투자 우위에 대해 확신을 못하고 있음

ESG투자가 활발해지면 어떻게 되나요?

ESG 투자는 세상을 보다 나은 방향으로 움직이는 힘이 있음

코피 아난 전 유엔 사무총장이 PRI 제창한 것을 계기로 환경 , 사회 , 거버넌스를 고려한 ESG 투자가 전 세계적으로 확산되고 있지만 , 투자는 수익성을 추구하는 만큼 투자자에게 이익이 돌아가지 않으면 안 됩니다 . 그래서 의문이 되는 게 기관투자자가 ESG 투자를 할 수 있는 장점이 있는지 하는 겁니다 .

ESG 투자로 유입되는 자금이 늘어나면 기업은 투자자로부터 투자를 유치하기 위해 ESG 평가를 향상시킬 필요성이 커집니다 . 이에 따라 기업의 ESG 대응이 강화되면 장기적인 기업가치 상승으로 이어지기 때문에 주가는 오르고 결과적으로 기관투자자는 수익을 누릴 수 있습니다 . 아직 확실하게 결과가 나온 것은 아니지만 56 페이지에서도 설명한 바와 같이 ESG 평가가 높은 기업은 그렇지 않은 기업에 비해 높은 성과를 보이고 있습니다 .

또 기업이 ESG 를 배려하면 환경과 인권보호로 이어지기 때문에 세상은 더 나은 방향으로 나아갈 수 있습니다 . 그 혜택은 일반 시민에게도 확대되어 , SDGs 달성과도 직결됩니다 .

또다른 관점에서 살펴보겠습니다 . GPIF 가 ESG 투자를 통해서 투자 성과가 좋다면 , 국민의 큰 불안 요인인 연금 재정의 건전화에 기여합니다 . 일본기업이 적극적으로 ESG 에 임하게 되면 국제적인 평가가 높아져 , 성장성에 뒤떨어지기 십상인 일본기업 주식의 투자 매력 상승으로 연결될 수 있습니다 .

이와 같이 ESG 투자에 환경 , 사회 , 경제에 다양한 선순환을 이루는 가능성이 내재해 있는 것입니다 .

투자 확대가 가져오는 선순환

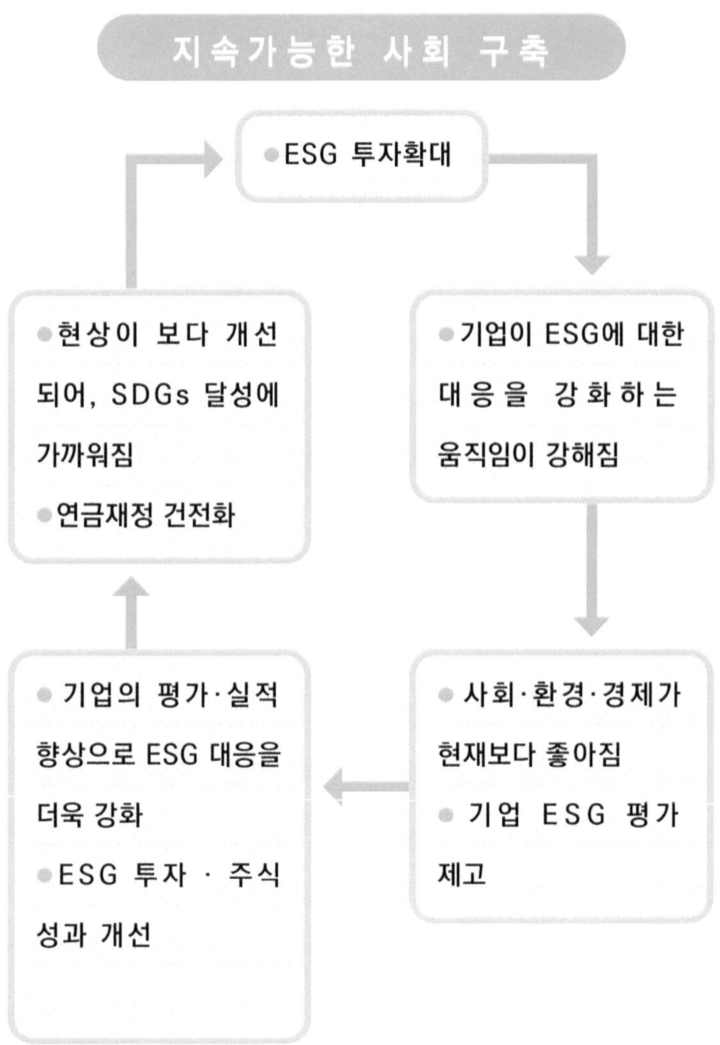

핵심 요약	□ ESG 투자는 SDGs 달성으로 이어지고 있음 □ ESG 투자는 환경, 사회, 경제에 선순환을 가져올 가능성이 큼

Column

바이든 정부에서 바뀌고 있는 미국 환경 문제대응

취임 첫날 미국의 바이든 대통령은 경제 우선으로 기후변화 대책에 부정적이었던 트럼프 전 대통령이 탈퇴하기로 한 기후변화 대응의 세계적 틀인 '파리협정' 에 복귀하기로 하는 대통령령에 서명했습니다 .

바이든 대통령은 기후변화 위기에 대한 세계적인 대응을 미국이 주도해야 한다고 생각합니다 . 2021 년 4 월 미국 주최로 개최된 기후변화 정상회의에 앞서 , 오바마 행정부 당시「2025 년까지 온실가스 배출량을 2005 년 대비 26~28% 삭감」하겠다는 목표를 더 끌어올려「2030 년까지 동 50~52% 삭감」이라는 야심찬 목표를 바이든 대통령이 공표한 것은 강한 의지의 표현이라 할 수 있겠습니다 .

바이든 정부는 성장 전략으로서 인프라 정비나 기후 변화 대책에 8 년간 2 조 달러 (약 2,200 조원) 를 투자하는「미국 고용 계획」을 발표했고 여기에 다양한 환경 정책을 포함시켰습니다 .

미국산 EV(전기자동차) 를 구입하는 소비자 대상 세제 혜택이나 보조금 제도 마련 , 디젤 운송 차량 5 만대와 미국 전체 약 50 만대 스쿨버스 중 적어도 20% 이상을 EV 로 대체하겠다는 목표 외에도 , 2030 년까지 전기차 충전 설비를 50 만개소에 정비할 계획입니다 . 그러나 EV 를 보급시켜도 발전 부문에서 온실가스를 많이 배출한다면 국가 전체의 온실가스 배출 감축 효과는 부족하게 됩니다 . 그래서 천연가스나 석탄 등 화석연료를 취급하는 기업에 대한 세제 혜택을 중단하고 , 전력망 쇄신에 1,000 억달러 (약 110 조원) 를 투자해 2035 년까지 발전 부문에서 온실가스 배출 실질 제로 공약의 실현을 목표로 하고 있습니다 . 이러한 계획 실행 상황이나 경제 효과 등에 대해서 전세계의 지속적 관심이 집중되고 있습니다 .

Part 3

ESG 표준은 유럽이 주도하고 있다!

빨리 깨닫지 못하면 기업은 세계에서 뒤쳐집니다

더 이상 기업은 ESG를 「배려」할 때가 아닙니다!

환경, 사회, 지배구조의 관점이 중요하게 되었습니다

일본에서도「ESG」라는 용어를 접할 기회가 많아지고 있습니다 . 시대의 흐름에 뒤쳐지지 않기 위해서 'ESG 를 배려 (마음씀 , 고려) 해야 한다 ' 고 생각하는 기업도 적지 않을 것입니다 .

하지만 글로벌 시각에서 보면 ESG 를 " 배려 " 만 하고 있을 때가 아닙니다 . " 배려 " 라는 말을 쉽게 사용하지만 , 그 말 속에는 어떤 마음이 담겨있을까요 ? 사전에는「좋은 결과가 나오도록 , 이것 저것 신경쓰는 것」이라고 나와 있습니다만 , 이 말을 할 때 마음 한 켠에는「하지 않으면 안 되니까 최소한 하는 척이라도 해두자」라는 어중간한 자세가 있는 건 아닐까요 .

하지만 이제 ESG 는 기업들에 배려만 하면 될 일이 아닙니다 . 글로벌 기준에서는 기업이 ESG 에 대응하는 것은「당연한 일」로 되어 있습니다 . 나아가 " 배려 " 하는 것이 아니라 " 바로 실행한다 " 라는 의식 전환이 이루어지지 않으면 , 글로벌 차원에서 볼 때「당연」한 기준에서 크게 뒤쳐지게 됩니다 . 약간 과장해서 말하면 , 기업이 ESG 에 대응하지 않는 것은 코로나 19 대유행 시기에 마스크를 쓰지 않고 큰 소리로 이야기하면서 밖을 나다니는 것과 같은 행위라고 해도 과언이 아닙니다 .

그러나 유감스럽게도 현실은 , 중소기업을 포함한 기업의 대부분은 ESG 가 목표로 하는 것을 본질적으로 이해하지 못하고 , 어딘지 모르게 배려만 하면 된다고 하는 수준에 머물고 있습니다 . 우선은 ESG 현상에 대한 인식을 바꾸는 것이 중요합니다 .

「배려」가 아니라, 「실행」을 서둘러야

배려 (配慮)

【의미】 좋은 결과가 나오도록 신경쓰는 것, 걱정.

【비슷한말】 심려, 신경, 마음씀, 걱정, 고려

자주보는표현

ESG는 환경·사회·지배구조를 배려하는 사고방식 ✕

↓

↓

ESG는 환경, 사회, 거버넌스에 대해 행동하고 실천하는 것 ○

- □ ESG는 행동을 해야 의미가 있고 행동하지 않으면 무의미
- □ ESG 과제 해결을 위해 실행에 나서는 것이 당연함

이대로는 글로벌 시장에서 국내 기업과 제품은 「아웃」 됩니다

' 휘발유차 금지' 가 상징하는 일본 ESG 의 늑장대응

ESG 에 대한 기업의 인식이 현재 수준에 머무른다면 앞날은 어둡다고 말하지 않을 수 없습니다 . 왜냐하면 , 비록 국내에서 소비자로부터 제품이 좋게 평가되었다 해도 , 글로벌 시장에서는 유통되지 않을 가능성이 있기 때문입니다 .

예를 들어 일본에서 친환경 자동차라고 하면 휘발유와 전기 모두를 사용하지만 콘센트로 충전할 수 없는 하이브리드 자동차 (HV) 가 주류입니다 . 한편 , 유럽과 미국에서는 HV 이지만 콘센트로 충전할 수 있도록 한 플러그인 하이브리드 자동차 (PHV) 나 전기만으로 움직이는 전기자동차 (EV) 가 주요 흐름이 되어가고 있습니다 . 이런 배경에는 앞으로 휘발유차나 디젤차 뿐만 아니라 , 플러그인 하이브리드 자동차 (PHV) 까지 판매를 금지해 , 전기자동차 (EV) 로의 전환을 재촉하려는 각국의 정책이 있습니다 (옆 페이지 상단 표 참조). 이런 나라들에서 전기자동차 (EV) 의 보급 (옆 페이지 하단 표 참조) 이 빠르게 확대되고 있습니다 . 2020 년 전기자동차 (EV) 제조사 테슬라의 주식 시가총액이 토요타 자동차를 제치고 글로벌 1 등이 된 것은 이러한 세계적인 흐름을 상징적으로 나타낸 사건일지도 모릅니다 . 일본 기업도 해외의 룰 (표준) 을 따르지 않으면 조만간 글로벌 시장에서 경쟁할 수 없게 된다는 겁니다 . 한편 2021 년 5 월 시점에서 일본은 2030 년대 중반을 목표로 휘발유차 금지를 최종 조정하고 있는 단계입니다 .

이것은 자동차 산업에 국한되지 않습니다 . 전자 기기 , 포장 용기 , 플라스틱 , 섬유 제품 , 식품 등 모든 산업에서 ESG 대응이 요구됩니다 . 유럽 , 미국이나 중국에서 비즈니스를 하는 경우 , 해당 지역이나 국가의 룰에 맞추지 않으면 , 애당초 경쟁을 벌일 경기장에 나갈 수조차 없습니다 . 이미 그런 시대가 도래했다는 것을 인식할 필요가 있습니다 .

주요국 휘발유차 및 하이브리드차의 신차 판매 규제동향

국가가명	규제시작년도	휘발유차·디젤차	HV·PHV
노르웨이	2025	판매금지	판매금지
스웨덴	2030	판매금지	판매금지
네덜란드	2030	판매금지	판매금지
영국	2030	판매금지	판매금지 (2035년~)
중국	2035	판매금지	규제없음
캐나다 (퀘백주 등)	2035	판매금지	HV는 판매금지
미국 (캘리포니아주)	2035	판매금지	판매금지
프랑스	2040	판매금지	판매금지

출처: 각종보도

제조사별 전기자동차 판매대수

순위	제조사	본사	판매대수
1위	테슬라	미국	499,535
2위	폭스바겐	독일	220,220
3위	BYD (비야디)	중국	179,211
4위	SGMW (상하이GM우링자동차)	중국	170,825
5위	BMW	독일	163,521
6위	메르세데스 벤츠	독일	145,865
7위	르노	프랑스	124,451
8위	볼보	스웨덴	112,993
9위	아우디	독일	108,367
10위	SAIC (상하이차그룹)	중국	101,385
14위	닛산자동차	일본	62,029
17위	도요타자동차	일본	55,624
		전세계 총계	3,124,793

출처 : EV(전기차) 판매 (2020년)

핵심 요약	
	☐ 비즈니스는 국내 룰이 아닌, 해당 지역과 국가의 룰을 준수해야 ☐ 글로벌 동향을 파악할 필요성이 더욱 높아지고 있음

세계 표준에서 크게 어긋나는 「리사이클(재활용)」 정의

「열적 재활용(Thermal Recycle)」을 재활용이라 할 수 있는가

일본은 플라스틱의 분리 회수의 선진국으로 , 분리 회수된 플라스틱 (이하 , 플라스틱) 의 재활용률은 85%(2019 년) 로 세계 최고 수준입니다 . 그러나 회수된 플라스틱의 70% 이상을 불태우고 있어 , 대부분은 새로운 플라스틱 제품으로 다시 태어나지 못하고 있습니다 .

그렇다면 '재활용률 85%' 는 거짓말일까요 ? 그 편법은 재활용 정의에 있는데 , 일본에서 재활용은 「물리적 재활용」, 「화학적 재활용」, 「열적 재활용」 3 가지로 정의되고 있습니다 . 이 중 페트병 쓰레기가 페트병에 재생되듯 물건에서 물건으로 다시 태어나는 물리적 재활용과 폐플라스틱을 일단 분자로 분해한 후 새로운 플라스틱 소재로 바꾸는 화학적 재활용은 재활용 이미지에서 벗어나지는 않을 것입니다 . 그러나 , 원유가 원료인 플라스틱을 소각로에 태워 그 열을 화력 발전 등에 이용해 에너지로서 회수하는 '열에너지 재활용' 이 일본에서는 70% 이상 차지하고 있습니다 .

「그게 재활용이야 ?」 라고 의문을 가지는 사람도 있을 것입니다 . 일반적으로 ' 재활용 ' 은 ' 다시 쓸 수 있게 하는 것 ' 입니다 . 형상이나 용도가 다른 제품으로 만드는 것도 재활용으로 간주하지 않는 것이 세계 표준인데 , 태워서 온실가스를 내는 열적 재활용은 다른 나라 입장에서는 아전인수적인 해석입니다 . 중요한 건 재활용률 숫자가 아니라 환경 문제의 해결입니다 . 일본에는 이러한 세계와의 차이가 여러 곳에 잠재해 있습니다 . 이런 문제의 인식을 가지고 세계의 움직임을 살펴보는 관점을 가지는 것이 중요합니다 .

독자적인 '리사이클(재활용)'의 정의

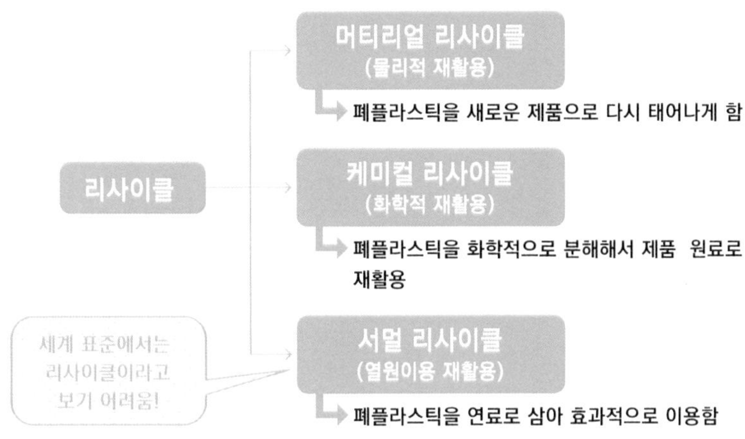

폐플라스틱 재활용량과 재활용률 추이

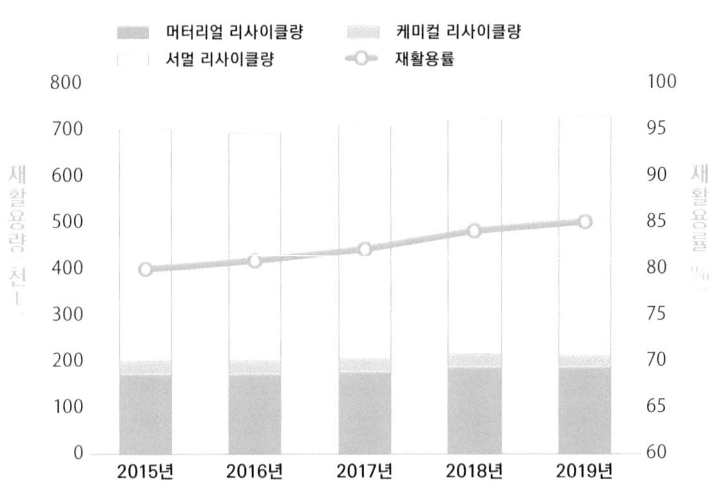

출처 : 플라스틱재활용협회 "2019년 플라스틱 제조품의 생산·폐기·재자원화·처리처분의 현황"

핵심 요약
- ☐ 국내 독자적인 기준이 세계 기준과 동일하다고는 할 수 없음
- ☐ 세계 기준에 맞는 비즈니스를 하지 않으면 글로벌 경쟁은 없음

「경성규범(hard law)」과 「연성규범(soft law)」을 이해합시다

법적 구속력이 증가하지 않는 「연성 규범」의 중요성

우리는 다양한 규칙 속에 살고 있습니다. 대표격은 법률이지만 법률 이외의 룰(rule)도 있습니다. 예를 들면, '교칙'입니다. 설령 법적으로 문제가 없어도 교칙을 위반하면 학교에서 벌칙을 받기도 합니다. 이와 같이 사회에는 크게 절대적인 구속력을 가지는 법률인 「경성 규범」과 법적 구속력이 없는 사회적 규범인 「연성 규범」이 있습니다.

예를 들면, 「ESG」「PRI(책임투자원칙, 34 페이지)」에는 법적 구속력은 없습니다. 그러나 사회적 규범으로서 널리 인지되고 있는 「연성 규범」입니다. 최근 이러한 연성 규범이 중시되는 경향이 강해지고 있습니다.

만약 ESG를 「연성 규범」이라고 무시해, '법 위반이 아니므로 허용 범위 이내라면 환경 오염을 해도 괜찮다' 라고 생각하면, 투자자나 소비자로부터 책임을 추궁당하고 사회적 제재를 받는 상황을 쉽게 상상할 수 있습니다. ESG는 육법전서(종합법령)에 나오지는 않았지만 연성 규범으로서 실질적인 구속력을 갖기 시작했다는 것이죠.

컴플라이언스는 통상 「법규 준수」라고 번역됩니다만 이제는 법령에는 없는 연성 규범까지 준수하는 「광의의 컴플리언스」를 요구할 수 있는 세상이 되고 있습니다. 변화의 속도가 빨라지고 있기도 해서 연성 규범이 실효성을 가진 후, 그것이 경성 규범이 되는 경우도 증가하고 있습니다. 이제는 '법률화되기 전부터 연성 규범을 따르겠다'는 자세가 아니면 변화의 속도가 빠른 비즈니스 현장에서 경쟁력을 잃고 마는 것입니다.

「경성규범」과 「연성규범」의 차이점과 컴플라이언스

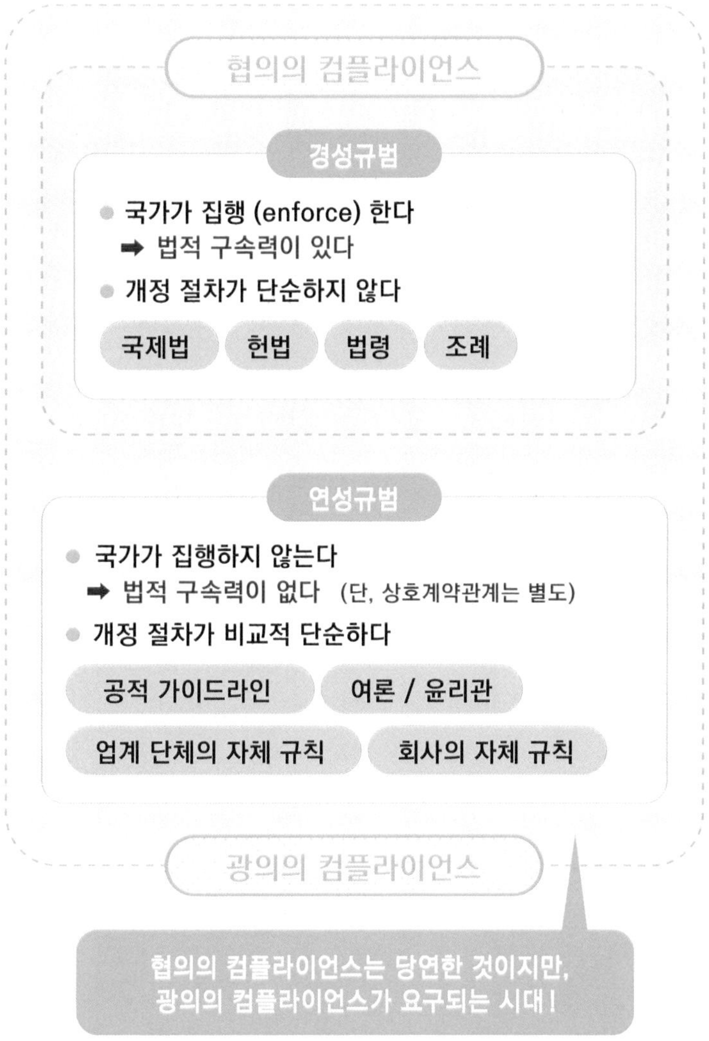

협의의 컴플라이언스

경성규범

- 국가가 집행 (enforce) 한다
  ➡ 법적 구속력이 있다
- 개정 절차가 단순하지 않다

국제법 / 헌법 / 법령 / 조례

연성규범

- 국가가 집행하지 않는다
  ➡ 법적 구속력이 없다 (단, 상호계약관계는 별도)
- 개정 절차가 비교적 단순하다

공적 가이드라인 / 여론 / 윤리관 / 업계 단체의 자체 규칙 / 회사의 자체 규칙

광의의 컴플라이언스

협의의 컴플라이언스는 당연한 것이지만,
광의의 컴플라이언스가 요구되는 시대!

핵심 요약

- □ 경성 규범은 법적 구속력이 있지만 연성 규범에는 없음
- □ 연성 규범으로 준수하는 것이 컴플라이언스임

기업의 비용 요인에 경제 합리성을 가져다주는 것이 「규칙」

규칙(Rule) 이 「경제 합리성」을 변화시킵니다

ESG 과제가 쌓인 이유를 밝히기 위한 방법 중 하나는 기업의 「경제 합리성」 을 파악하는 것입니다 . 기업이 환경 파괴와 인권 침해를 가져온 배경에는 폐기물 투기와 노동자의 장시간 노동 등이 단기적 이익을 높이기 위한 ' 경제 합리성 ' 에 적합하다고 생각하는 「구 자본주의 (20 페이지)」 적 아이디어가 있어 왔습니다 . 하지만 이 생각이 시대 착오인 것은 이제 분명합니다 .

일찍이 나이키는 아동 노동에의 관여가 밝혀져 불매 운동이 일어나 큰 손실을 입었습니다 . 일본에서도 종업원의 과로 자살이 문제가 된 선술집 체인점 와타미는 소비자들에 의해 블랙 기업으로 몰려 고객 이탈이 일어났습니다 .

기업이 문제를 일으킬 때마다 세계적으로 새로운 룰이 만들어져 왔습니다 . 그중 하나인 ESG 는 단기적 이익 추구가 지나쳤다는 반성에서 나왔으며 사회 과제 해결에 경제 합리성을 가져오는 「신 자본주의 (20 페이지)」 로의 획기적인 룰 체인지를 이루어 냈습니다 . 환경 , 사회 , 지배구조에 관한 좋고 나쁨을 명확히 하고 , 「기업이 ESG 과제 해결에 기여하는 것」 = 「이익」 이 되도록 하는 경제 합리성을 가져온 것입니다 .

나이키는 과거의 잘못으로부터 배워 공급자의 노동 환경이나 아동 노동을 포함한 인권 문제의 해결에 진지하게 임했습니다 . 그 결과 지금은 사회적 책임을 완수하는 기업으로서 높게 평가되고 있습니다 . 이러한 변화가 없었다면 현재와 같은 나이키의 번영은 없었을 것입니다 . 길게 보면 , ESG 과제에 대한 대응은 미래 이익의 원천이 되었다고도 말할 수 있습니다 .

유감스럽게도 일본에서는 여전히 ESG 과제에 대응하는 것을 비용 요인이라고 잘못 생각하고 있는 경우가 많습니다 . 그러나 ESG 과제에 대응하지 않는 편이 훨씬 더 큰 비용 요인이라는 것을 알아야 합니다 .

규칙이 바뀌면,「이익이 비용으로」「비용은 이익으로」바뀝니다

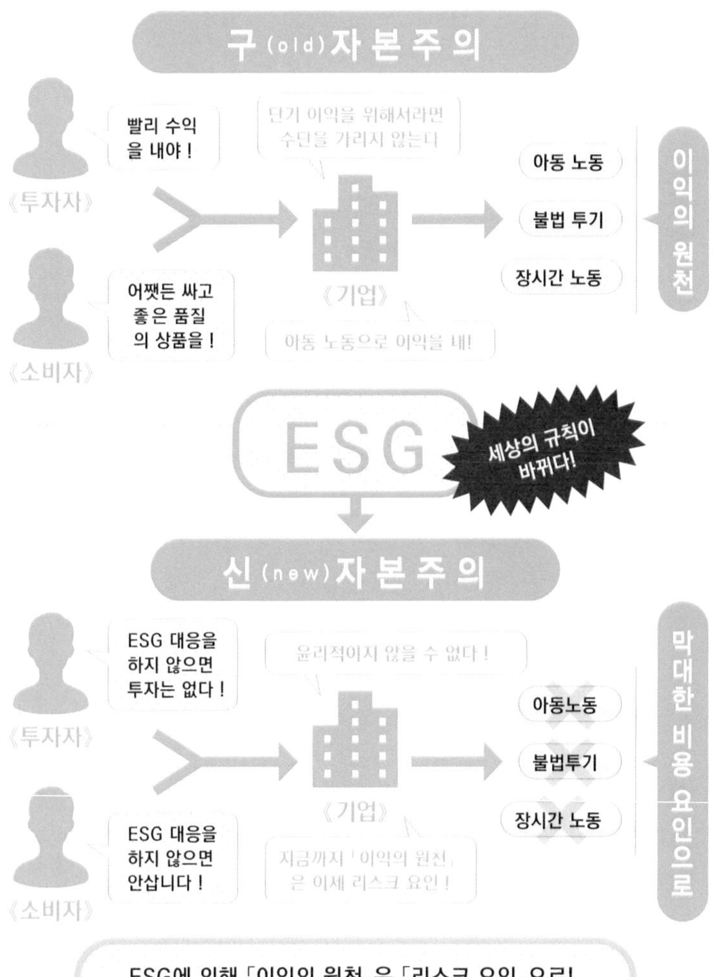

핵심 요약

- ☐ 규칙 변경은 비용에 새로운 경제 합리성을 제공함
- ☐ ESG는 한때 '비용'이었던 것을 '이익의 원천'으로 바꿈

「규칙」과 「혁신」의 올바른 관계란 무엇인가요?

규칙이 혁신을 저해하는 실수를 범해서는 안됩니다

규칙을 만드는 데 중요한 것은 사회적 과제를 해결하는 것과 경제 합리성이 강력하게 연결되는 혁신 (이노베이션) 을 뒷받침하는 것입니다 . 과거 일본은 이 점에서 큰 실패를 한 경험이 있습니다 .

한때 반도체 업계에서 일본 기업의 존재감은 압도적이었습니다 . 그러나 오른쪽 페이지의 표를 보면 알 수 있듯이 , 2020 년 이후 일본 기업은 그림자도 찾아 볼 수 없습니다 . 그러한 결과가 나온 원인에는 일본 정부의 규칙 만들기 실패가 있었습니다 .

대규모 설비를 필요로 하는 반도체 산업은 전형적인 장치 산업으로 , 규모를 확대하여 가동률을 올릴수록 대규모 설비의 장점을 살릴 수 있습니다 . 그런데 2007 년 도시와 지방의 격차를 줄이기 위해 일본 각지에 산업 단지를 육성하는 것을 목적으로 「기업입지촉진법」 을 시행해 , 지방자치단체에 보조금을 주면서 공장 유치를 추진했습니다 . 그 결과 , 각지에 어중간한 규모의 반도체 공장이 산재하게 되었습니다 . 정부의 「지방격차 시정」 정책은 결과적으로 대규모 설비의 장점이 줄어드는 작은 공장들을 늘려 글로벌 경쟁력을 잃게 하고 혁신을 일으킬 힘도 줄어들게 만들어 , 아이러니하게도 결국 「지방 격차 시정」 에도 크게 기여할 수 없게 되어 버렸습니다 .

이러한 실패로부터 배워야 합니다 . 규칙을 잘 설계하지 않으면 때로는 혁신을 방해합니다 . 한편 , ESG 라는 " 일종의 규칙 " 은 다양한 것을 규제하면서 그 규제를 극복하려고 하는 힘을 이끌어냄으로써 온실가스 배출량을 억제하는 기술 등 혁신 창출의 계기가 되고 , 그것이 경제 효과를 낼 수 있도록 성공적으로 설계되어 있다고 할 수 있습니다 .

세계 반도체 기업 점유율

1989년 제조사	점유율	순위	2020년 제조사	점유율
일본전기(일본)	7.7%	1위	인텔(미국)	15.6%
토시바(일본)	7.4%	2위	삼성전자(대한민국)	12.4%
히타치 제작소(일본)	6.2%	3위	SK하이닉스(대한민국)	5.5%
모토로라(미국)	5.5%	4위	마이크론테크놀로지(미국)	4.7%
후지쯔(일본)	4.8%	5위	퀄컴(미국)	3.8%
텍사스 인스트루먼트(미국)	4.8%	6위	브로드컴(미국)	3.4%
미츠비시 전기(일본)	4.3%	7위	텍사스 인스트루먼트(미국)	2.9%
인텔(미국)	4.2%	8위	미디어텍(대만)	2.4%
마츠시타 전자공업(일본)	3.1%	9위	엔비디아(미국)	2.3%
필립스(네덜란드)	2.8%	10위	키오쿠시아(일본)	2.2%

출처 : 데이터 퀘스트, Gartner (2021년 4월)

「규칙」과 「이노베이션(혁신)」의 좋은 관계, 나쁜 관계

좋은 관계

- 이노베이션을 촉진
- 경제 효과를 낳음

(예)

- 기관투자가에게 ESG 투자를 요청해 기업의 ESG경영을 독려했던 「PRI」
- 기업에 환경보호를 요구하는 압력을 가해 혁신을 유발하는 「ESG」

나쁜 관계

- 이노베이션을 방해
- 경제 효과를 낳지 않음

(예)

- 반도체 업계 국제 경쟁력을 잃게 만든 「기업입지촉진법」
- 풍력발전소 건설 허가에 방대한 절차를 요구하는 복잡한 법령 및 조례, 그에 근거한 방대한 절차들

핵심 요약

- □ 규칙을 뛰어넘으려는 노력이 혁신으로 이어짐
- □ 규칙은 혁신을 방해하는 것이어서는 안 됨

ESG 표준 만들기는 유럽이 주도하고 있습니다

갈라파고스화된 기준으로는 세계에서 경쟁할 수 없습니다

ESG 관련 기준을 만드는 많은 이니셔티브는 유럽이 주도하고 있습니다 . 유럽에서 만들어진 기준이「디팩토 스탠다드 (사실상의 표준)」이나「디쥬르 스탠다드 (ISO 와 같이 규격을 정하는 국제 표준화기관 등에 의해 인증된 표준)」가 되는 것이 세계적인 흐름입니다 .

기준 제정이 중요한 이유는 주도권을 잡게 되면 윈도우즈 (Windows) 로 PC OS 의 사실상 표준을 잡은 마이크로소프트와 같이 , 이후 비즈니스를 매우 유리하게 전개할 수 있기 때문입니다 . 예를 들면 , 66 페이지에서 설명한 것처럼 일본에서 재활용으로 여겨지는「열적 재활용 (Thermal Recycle)」은 EU 에서는 재활용으로 인정되지 않고 세계의 사실상의 기준과 어긋나는 재활용 방식입니다 . 이러한 현실에서 나타나듯이 일본 기업은 우선 '해외에 사실상의 기준이 존재한다' 는 인식을 가져야 합니다 . 국내의 갈라파고스화된 규정에만 관심을 가지고 있으면 , 디팩토 스탠다드 (De facto Standard) 나 디쥬르 스탠다드 (De jure Standard) 도 파악하지 못한 채 , '상식을 모르는 상태' 가 되고 그 사이에 글로벌 시장에서 크게 뒤쳐질 수 있습니다 .

국가 표준은 지역 표준에 , 해당 지역 표준은 국제 표준에 맞춰야 하는 것처럼 보다 큰 범위의 표준에 맞추는 것이 기본입니다 . 유럽 지역에서는 일찍 부터 북미나 아시아 , 아프리카의 관계자를 참여시키며 항상 국제 표준을 반영한 규정 만들기를 실시하고 있습니다 . 그러므로 어떤 기업이든 유럽의 규칙 제정 움직임을 예의 주시하고 서둘러 규칙 제정 자체에 참가할 준비를 하는 것이 필요합니다 .

「디팩토 스탠다드」와 「디쥬르 스탠다드」

디팩토 스탠다드
De facto Standard
(사실상의 표준)

《정의》 법적 구속력은 없지만, 경쟁의 결과, 시장에서 인지된 「사실상의 표준」

《보급과정》 시장 원리

《구체적 예》
- OS 「윈도우즈」
- 온실가스(GHG) 배출량 산정·보고 기준의 「GHG 프로토콜」
- 재생 가능 에너지 정의 「RE100」
- 인권 기준 「유엔 기업과 인권 이행 지침」

디쥬르 스탠다드
De jure Standard
(인증된 표준)

《정의》 공적으로 조직된 표준화 기관에 의해 정식으로 채택된 「인증된 표준」

《보급과정》 공적 권력에 의한 강제

《구체적 예》
- 국제표준화기구가 정하는 「ISO 표준규격」
- 일본산업표준조사회가 정하는 「JIS 규격」
- 미국 전기전자학회가 정하는 「IEEE 규격」
- 국제 전기 통신 연합이 정하는 「ITU규격」

다양한 표준 계열

국제표준 → 예) ISO(국제표준화기구의 국제기준)
지역표준 → 예) CEN(유럽표준화위원회의 유럽기준)
국가표준 → 예) BSI(영국표준협회의 영국기준)

하위 계열의 규격은 상위 계열에 맞추는 경우가 많음

핵심 요약
- ☐ 스탠더드는 '사실상의 표준'과 '인증된 표준' 두 종류가 있음
- ☐ ESG 분야에서는 유럽이 스탠다드 주도권을 갖는 경우가 많음

스스로 기준을 만드는 유럽 기업 정부 법제화를 기다리는 일본 기업

정부가 아니라 기업이 기준을 정하는 시대가 되었습니다

현재 ESG 에 관한 인증된 기준 제정을 선도하고 있는 것은 ' 유럽 ' 이라고 설명했습니다 . 그것을 결정하는 주체는 정부가 아니며 , 주로 유럽 기반 글로벌 기업들입니다 . 기업이 솔선수범해서 선제적으로 기준을 제정해서 ESG 에 주체적으로 임하고 있는 것입니다 .

그 기준이 나중에 경성 규범화 되어 강력한 구속력을 가지게 되는 경우도 늘고 있는데 , 생각해보면 당연합니다 . 전문 지식을 가진 당사자가 만드는 연성 규범보다 국회의원 등 정치인들이 만드는 경성규범 (법률) 이 먼저 나올 리 없기 때문입니다 .

기준 제정에 관여한 기업은 경성 규범화 되어도 종래의 연장선 상에서 대응하면 되기 때문에 부담이 크지 않습니다 . 한편 기준 제정에 관여하지 않는 기업이나 원래 기준의 존재조차 알지 못했던 기업들은 , 경성 규범화되자마자 여러 가지 대응이 요구되기 때문에 부담이 매우 클 수밖에 없습니다 . 경우에 따라서는 기술력이 있는 회사도 법규 준수로 인해 경영난에 빠질 가능성마저 존재합니다 . 그러한 의미에서 기준 제정에 일찍부터 관여하고 자사에 유리한 기준을 만든다면 , 향후 비즈니스를 유리하게 전개하는데 큰 도움이 됩니다 .

그런데 일본 기업의 상당수는 「기준은 나라가 정하는 것」 이라고 생각하기 쉽고 , 스스로가 결정하는 주체가 되려는 발상은 거의 하지 않습니다 . 심지어 , 해외에서 실효성을 가지는 연성 규범에 대한 정보에 무관심한 기업도 적지 않습니다 . 이러한 자세가 유럽에 「사실상의 기준」 을 주도되는 현상을 낳고 있다고도 말할 수 있습니다 .

기준 제정에 관여함으로써 얻게 되는 4가지 효과

1	매출 증가	자사 제품을 눈에 띄도록 하는 기준을 설정함으로써 타사 제품과 차별화하여 매출 증가
2	매출 감소 회피	자사에 불리해질 수 있는 경쟁 환경을 기준 제정에 의해 바로 잡음으로써 매출 감소를 회피
3	비용 절감	자국과 비슷한 기준을 다른 국가에도 적용함으로써 동일한 표준으로 제품을 제조하고 비용을 절감
4	비용 증가 회피	자사에게 불리한 기준 제정 움직임에 빠르게 대응함으로써 비용 증가를 회피

일본 기업과 미국·유럽 기업의 기준 제정에 대한 입장 차이

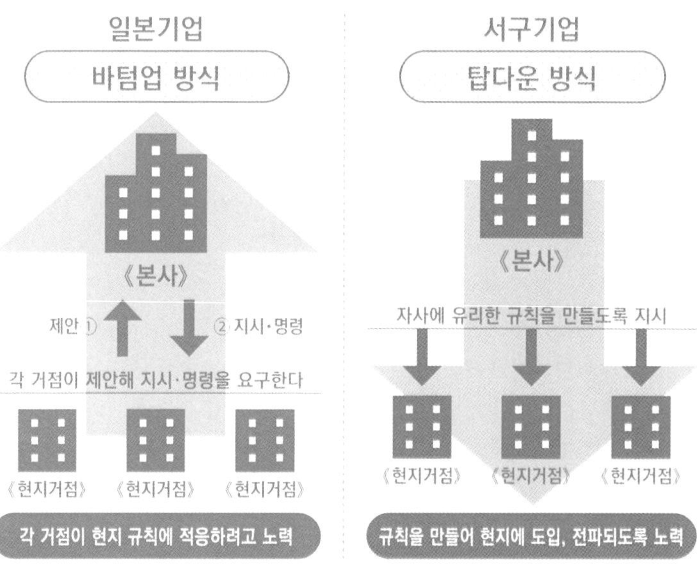

핵심 요약

- ☐ 법제화되기 전의 연성 규범에도 항상 예의 주시 해야 함
- ☐ 기준 제정 선도가 기업 이익과 직결되는 요소임을 알아야 함

Column

우려스러운 「중국」의 환경문제에 대한 대응

지금까지 중국은 전력의 약 60% 를 석탄 화력발전에 의지하고 있어 , 온실가스의 대량 배출도 어쩔 수 없다는 입장을 취해 왔습니다 . 그런데 2020 년 9 월 시진핑 국가 주석은 「온실가스 배출량을 2060 년까지 실질 제로 (탄소중립) 를 실현하도록 노력한다」 라고 선언해 관련 정책 방향을 크게 바꿈으로써 세계를 놀라게 했습니다 . 이 목표는 '의욕적' 인 것으로 , 국제적으로도 높게 평가되고 호의적으로 받아들여졌습니다 .

중국은 2060 년까지 탄소중립을 실현하기 위해 2030 년까지 1 차 에너지 소비 전체의 약 25% 를 비화석 에너지로 조달한다는 목표를 내걸고 있습니다 . 「탈탄소화」 를 새로운 경제 발전의 기폭제로 삼아 거국적으로 재생가능 에너지에 주력하고 있으며 , 태양광 패널의 세계 점유율의 70% 이상을 중국 기업이 차지할 정도가 되었습니다 .

2021 년 4 월 기후변화 정상회의에서 중국은 신장 위구르와 홍콩의 인권과 안전보장 문제에서 대립의 골이 깊어지고 있는 미국과도 기후변화 대응 문제에 있어서는 공조하는 자세를 보였습니다 . 한편 , 시진핑 주석은 「선진국 vs 개발도상국」 이라는 대립 구도를 꺼내 개발도상국 대표의 입장에서 「개발도상국에 자금이나 기술 등을 적절히 지원해야 한다」 면서 , 선진국의 압력을 피하는 발언을 했습니다 . 이러한 발언의 이면에는 「2060 년까지 온실가스 배출량 실질 제로」 라는 목표 달성이 현재 상황으로 봐서는 어려워 보이기 때문에 , 그에 대한 예방적 차원에서 방어막을 치고 싶은 마음이 깔린 것처럼 보입니다 .

세계 최대 온실가스 배출국인 중국은 기후변화 대응의 성패를 좌우하는 가장 중요한 나라입니다 . 앞으로의 동향은 전 세계의 큰 주목을 받게 될 것입니다 .

Part 4

ESG를 실천하는 것이
기업경영의 상식으로!

왜 기업은 「ESG경영」을 추진하는 것일까요

「ESG 경영」이란 도대체 어떤 경영을 말하는 건가요

외부로부터의 힘을 중장기적인 성장으로 연결합니다

대량생산 · 대량소비사회에서 경제성장을 실현해 왔지만 , 풍요로운 생활에 반해 환경오염 , 온실가스 배출 , 인권침해 등 여러 문제의 해결을 미루어 왔습니다 . 이대로라면 지속가능한 사회의 실현은 어려우며 결국 큰 희생을 치르게 되었는데 우리는 그 현실을 강요당하고 있습니다 .

지금까지 설명한 바와 같이 , 기업은 투자자나 소비자 등으로부터 뿐만이 아니라 2020 년 10 월 일본 스가 총리가 표명한「2050 년까지 카본 뉴트럴 (탄소중립) 의 실현」 으로 대표되듯이 정부로부터도 강력하게 대응을 요구받고 있습니다 . 만약 이러한 힘을「압력」이라고 여긴다면 , 그것은 낡은 자본주의적인 발상에서 완전히 벗어나지 못했다는 증거입니다 . 그「힘」 을 이용하여 ESG 를 경영으로 끌어들여 환경 , 사회 , 거버넌스에 있는 많은 문제를 해결하면서 '지속가능한 경제성장' 의 실현에 결부시키는 것이「ESG 경영」입니다 . 바꿔 말하자면 ESG 과제 해결에 아무리 기여했다고 해도 중장기적 경제 성장과 연결시키지 못하면 ESG 경영 목적을 달성했다고 할 수 없습니다 .

실제 세계적으로 일본 기업이 뒤처지고 있다는 느낌은 부정할 수 없습니다 . 2020 년대에 들어서 일본 내에서도 'ESG' 라는 단어를 듣고 볼 기회가 많아졌지만 , PRI(34 페이지) 에서 ESG 라는 단어가 각광을 받게 된 것은 2006 년입니다 . 유럽 , 미국 기업에 있어서 ESG 과제 해결에 적극적인 경영은 당연하며 , 새삼스레「ESG 경영을 하고 있습니다 !」라고 대외적으로 어필하는 것이 오히려 시대착오로 여겨질 정도입니다 .

「ESG 경영」이 지향하는 것은 ESG 과제 해결과 기업의 지속적 성장

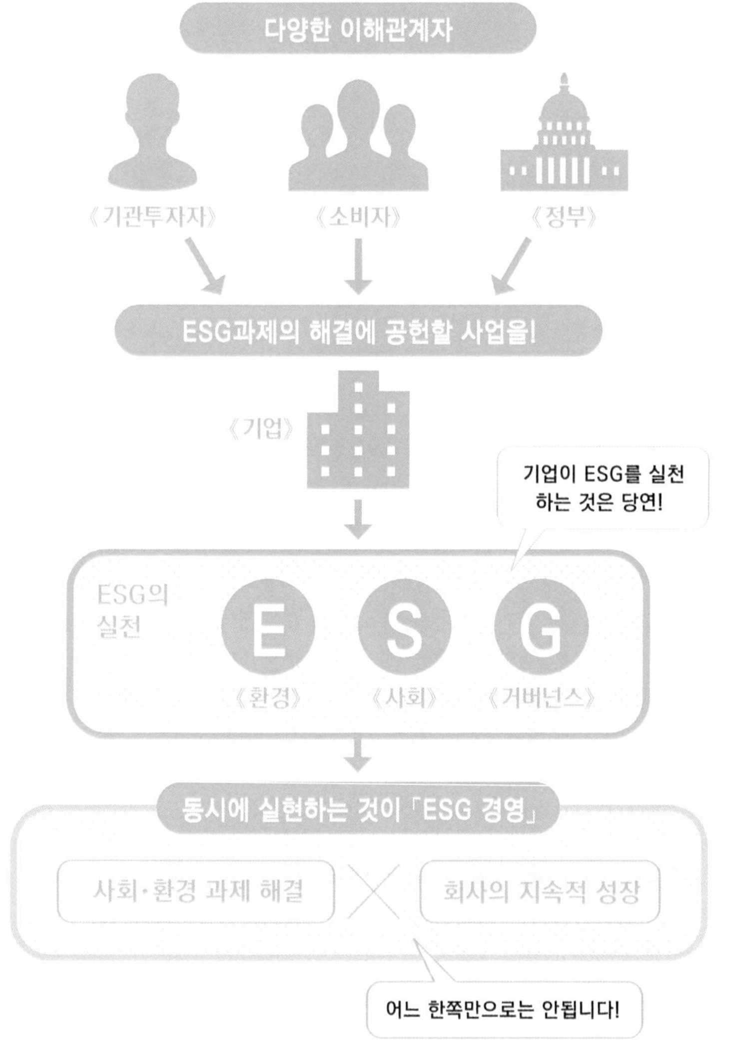

핵심 요약	□ 「ESG 경영」은 지속적 경제성장 없이는 이뤄질 수 없음 □ 이미 서구 주요 기업에서는 「ESG 경영」은 당연한 일임

적극적 「ESG 경영」이 가져오는 세 가지 장점

「ESG 경영」은 지속적인 경제 성장을 실현합니다

소비재 부문 글로벌 기업 유니레버 (Unilever) 는 2009 년 폴 폴만이 CEO로 취임하자 장기 전략을 중시하고자 분기별 이익 보고를 중단했습니다 . 단기적 이익을 추구하면 곧 이익으로 연결되지 않는 ESG 과제의 해결에 대응할 수 없기 때문입니다 . 그 후 회사는 실적을 확대해서 그 방침이 잘못되지 않았음을 증명하고 있습니다 . ESG 경영의 이점을 재빨리 깨달은 혜안을 가졌다고 말할 수 있겠는데요 . 그 장점에는 어떤 것들이 있을까요 .

우선 , 유니레버는 ESG 과제 해결을 사업 활동에 편성함으로써 장기적인 사업 전환을 단행할 수 있음을 들 수 있습니다 . 예를 들면 , 공급망 (supply chain) 안정화를 위한 농가 지원 , 여성이 일하기 좋은 환경 구축 등을 솔선하여 실행했습니다 . 또한 환경 문제나 사회 과제를 해결 가능한 사업으로 전개하는 기업은 우수한 인재를 유치하는 데도 유리합니다 . 실제로 개발도상국에서 물이나 위생 , 식량 문제 해결에 적극적인 유니레버는 전세계에서 대학생이 근무하고 싶은 회사로써 인기가 많습니다 . 윤리적 소비를 강하게 지향하는 젊은이들이 쳐다보지도 않으면 , 저출산이 진행되고 있는 일본에서 앞으로 인재 모집은 더욱 더 어려워질 것입니다 .

그리고 「비재무정보 (86 페이지)」 를 적극적으로 공개하고 외부에 활동 내용을 알림으로써 투자자나 거래처 , 고객 등 이해관계자로부터 좋은 평가를 받을 수 있다는 것도 큰 장점입니다 . ESG 지수 (44 페이지) 에 포함되면 주가도 상승하기 쉽고 신뢰할 수 있는 기업으로 소비자가 인식하게 되면 매출도 더 오를 수 있습니다 . 그러한 의미에서 비재무정보를 어떻게 공개할 것인지가 매우 중요합니다 .

유니레버(Unilever)의 매출액과 영업이익 추이

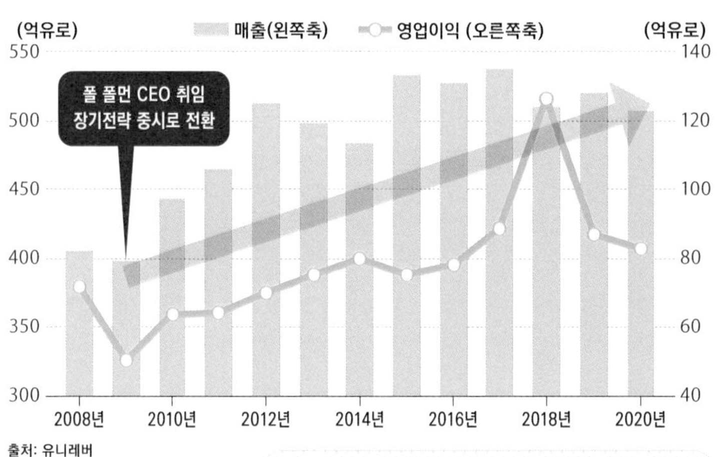

출처: 유니레버

유니레버 전 CEO
폴 폴먼
Paul Polman

장기적 관점에서 경영 계획을 추진하기 위해서는, 주가에 신경쓰면서 다음 분기 실적 올리기에만 급급해 일한다는 유혹을 조직에서 떨쳐버릴 필요가 있었습니다.

ESG 경영의 알기 쉬운 3가지 장점

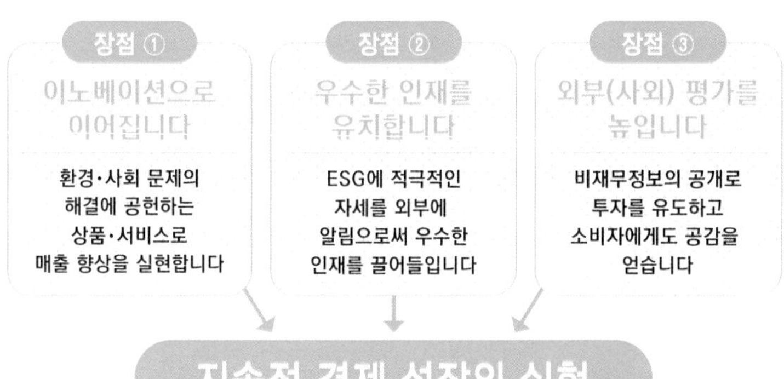

핵심 요약	
	□ 글로벌 기업이 ESG 경영을 하는 것은 장점이 있기 때문임
	□ 비재무정보의 공개는 ESG 경영을 하는데 있어 매우 중요함

「트리플바텀라인(TBL)」 사고 방식의 이상과 현실

이상적, 개념적으로 알기 쉬우나 현실에서 적용하기 어려움

지금까지 기업성과를 평가할 때 중시되어 온 것은 영업이익이나 당기순이익 등 재무정보였으나 , 비재무정보도 공개하게 되는 흐름 속에서 ' 트리플 바텀 라인 (Triple Bottom Line)' 이라는 사고 방식에 관심이 쏠리고 있습니다 .

원래 「Bottom Line」 이란 손익계산서의 최하단에 기재되는 ' 당기순이익 (최종 손익)' 을 말합니다 . 그 경제적인 최종 손익뿐만 아니라 ' 환경적 측면 ' 과 ' 사회적 측면 ' 의 최종 손익을 더해 3 가지 관점에서 기업을 평가하려는 것이 바로 ' 트리플 바텀 라인 ' 이라는 개념입니다 .

쉽게 말해 온실가스 배출을 적게 하면 환경적 이익이 늘어나고 , 직장 내 성평등 직무환경이 개선되면 사회적 이익이 증가하는 것으로 본다는 생각인데 , 경제적 손익은 회계 규칙에 따라 수치로 나타낼 수 있으나 환경적 , 사회적 손익은 규칙이 정해져 있지 않아 수치화가 어려운 것 역시 현실입니다 .

아무리 '환경적 이익' 과 '사회적 이익' 이 증가하여 좋은 평가를 받아도 '경제적 이익' 이 감소되는 상태가 계속되면 기업은 지속가능할 수 없게 되고 , 결과적으로 환경이나 사회에도 공헌할 수 없게 되는 패러독스에 빠집니다 . 대체로 10 억원의 경제적 이익과 동일한 가치의 온실가스 감축량은 얼마나 되는지 , 성평등 개선이 얼마의 가치로 환산할 수 있는지 등은 현재로선 명확하지 않습니다 . 그러한 의미에서 TBL 은 개념적으로 알기 쉽다는 이유로 많은 지지를 받기도 하지만 , 여전히 미완의 이상적 개념이라는 지적 역시 적지 않습니다 .

「트리플바텀라인」이란?

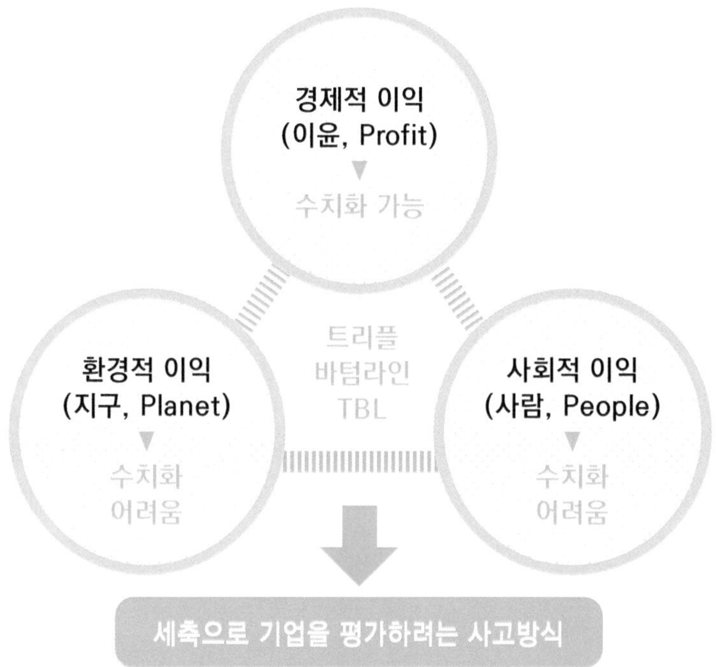

「트리플 바텀 라인」 개념의 문제점

문제점 ①	「사회적 이익」「환경적 이익」의 수치화가 어려움
문제점 ②	「경제적 이익」이 없으면 기업은 존속할 수 없는 모순
문제점 ③	규칙 제정이나 세계적인 합의 형성이 어려움
문제점 ④	많은 지지에도 「미완의 이상」이라는 지적도 있음

핵심 요약
- ☐ 현 시점에서 사회적 이익과 환경적 이익의 산출은 쉽지 않음
- ☐ 트리플바텀라인은 알기 쉬운 개념이지만 '미완의 이상' 지적도

기업이 「비재무정보」 공개에 힘써야 하는 이유

비재무정보 공개는 회사 내부를 향한 메시지이기도 합니다

기업의 공개 정보는 주로 재무상태표 , 손익계산서 , 현금흐름표 등 재무제표에 의한 「재무정보」 와 그 이외의 「비재무정보」 두 가지로 크게 나눌 수 있습니다 .

상장회사는 지금까지 금융상품거래법 및 회사법에 근거한 '유가증권보고서' 등의 의무 공시 , 증권거래소 규칙 등에 의거한 '결산설명회자료' 등 수시 공시를 해 왔지만 , 최근에는 연차보고서 (Annual Report) 나 지속가능성보고서 (Sustainability Report), 통합보고서 등을 사용하여 자발적으로 비재무정보를 공개하고 있습니다 .

「비재무정보」 는 재무정보와 같이 명확한 정의는 없으나 오른쪽 페이지와 같은 폭넓은 정보를 포함하고 있습니다 . 또한 2020 년 9 월 세계경제포럼 (WEF) 이 제시한 '21 가지 핵심 지표 ' 는 어떤 비재무정보를 공개해야 하는지 판단 할 때 참고가 됩니다 .

최근에 기업이 비재무정보 공개에 주력하는 것은 기관투자자 및 소비자를 신경 쓰기 때문만은 아닙니다 . 정보를 공개하기 위해서는 필연적으로 온실가스 배출량이나 물 사용량 , 여성 임원 비율 등을 지속적으로 측정하고 관리할 필요가 있습니다 . '어떻게 하면 온실가스의 배출량을 줄일 수 있을까' 등 ESG 과제를 구체적으로 해결하기 쉽게 만들어 사회의 요구에 맞은 신상품 · 서비스를 만들어내는 혁신으로 연결할 수 있습니다 . 결국 비재무정보의 공개는 회사 내부에 변혁을 촉구하는 메시지이기도 한 것입니다 . 이외에도 타사와의 차별화 , 거래처나 고객으로부터의 신뢰도 향상 , 우수 인재 확보 등 지속적인 성장으로 이어지는 효과를 기대할 수 있습니다 .

「비재무정보」에 포함되는 정보란?

- 연차보고서 등 재무보고 내 재무제표 이외의 정보
- 지속가능성 보고서 등에서 공개되는 환경·사회 성과에 관한 정보
- 거버넌스 정보(내부통제 보고서, 기업지배구조 보고서 등의 정보)
- 경영 이념 및 중장기 경영계획과 같은 경영 방침에 관한 정보
- 비즈니스 모델 및 경영 전략에 관한 정보
- 무형자산(브랜드, 특허, 인적자본 등)에 관한 정보

세계경제포럼이 공개를 요구하는「21가지 핵심지표」

항목	주제	핵심지표와 공개사항
거버넌스원칙 Principles of Governance	기업의 목적	① 목적의 설정
	의사결정조직 역량	② 거버넌스 기구의 구성
	이해관계자와의 대화	③ 이해관계자에게 영향을 미치는 중대성 이슈
	윤리적 행동	④ 부패 방지 ⑤ 윤리적 조언과 신고자 보호
	리스크와 기회	⑥ 리스크, 기회의 비즈니스 프로세스로의 통합
지구 Planet	기후변화	⑦ 온실가스배출량 ⑧ TCFD 제언 실행
	자연 상실	⑨ 토지 이용과 생태계 배려
	담수이용 가능성	⑩ 물 부족 지역의 물 사용량 및 취수량
사람 People	존엄과 평등	⑪ 다양성과 포용성 ⑫ 급여평등 ⑬ 임금수준 ⑭ 아동노동, 강제 노동 리스크
	건강과 웰빙	⑮ 건강과 안전
	미래를 위한 기술	⑯ 교육 훈련
번영 Prosperity	고용과 부의 창출	⑰ 고용자 수와 고용 상황 ⑱ 경제적 공헌 ⑲ 금융투자에의 공헌
	보다 나은 제품과 서비스 혁신	⑳ 연구개발비(R&D) 총액
	커뮤니티와 사회의 활력	㉑ 납세 총액

출처: 세계경제포럼 '이해관계자 자본주의 진행상태 측정 Measuring Stakeholder Capitalism'

핵심 요약

- ☐ 최근에는 기업 비재무정보 공개의 중요성이 커지고 있음
- ☐ 비재무정보 공개는 내부를 변혁하는 메시지도 되고 있음

「워싱」을 한 기업은 큰 대가를 치르게 됩니다

성실하게 진실을 전하는 것이 신뢰로 이어집니다

기업이 ESG 과제를 해결하도록 요구되는 가운데 불가피하게 등장한 개념 중에 '그린워싱 (greenwashing)' 이 있습니다 . 영어로 '속임수' 를 뜻하는 'whitewash' 와 'green(= 친환경)' 을 결합한 조어로 , 실제로는 그다지 친환경적인 제품 · 서비스 · 사업 활동이 아님에도 불구하고 실제보다 좋게 포장하여 사실을 왜곡하는 것을 가리킵니다 . 또한 조직 내부에서는 인권 침해와 과로 , 강제 노동에 관여하고 있음에도 겉으로는 해당 이슈에 반대를 표명하는 등 윤리적인 척하는 가면을 쓴 'Bluewash' 라는 단어도 있습니다 .

최근에는 'SDGs wash' 라는 단어도 종종 등장하는데요 . 유엔 지속가능발전목표 (SDGs) 에 관한 정보를 적극적으로 공개하고 널리 알리는 것은 중요합니다 . 그러나 그 과정에서 거짓말을 하지 않는 것은 당연하고 과장되거나 모호한 표현도 사용해서는 안 됩니다 . 만약 워싱을 하면 거버넌스가 제대로 갖추어지지 않은 조직으로 간주되며 , 이해관계자로들부터 무엇을 해도 신뢰을 잃게 되고 , 경우에 따라선 소비자들로부터 불매 운동이 제기될지도 모릅니다 . 그렇지 않기 위해서는 영국 퓨테라 (FUTERA) 사의 '그린워싱 기업으로 불리지 않기 위하여 피해야 할 10 가지 원칙 ' 은 참고할 필요가 있습니다 . 특히 최근에 NGO 나 소비자가 더욱 기업 실태를 파악하려고 감시의 눈을 번뜩이고 있습니다 . 결국에는 성실하게 진실을 알리는 기업이 신뢰를 얻을 수 있음을 잊지 말아야 하겠습니다 .

그리고 기업이 정확한 정보를 공개하면 투자자도 ESG 를 진지하게 대하는 기업을 투자 대상으로 하여 올바른 선택을 할 수 있게 됩니다 . 그런 의미에서도 기업의 성실하고 올바른 정보 공개는 매우 중요합니다 .

「그린워싱」기업으로 오해받지 않기 위해 피해야 하는 10가지 원칙

원칙① 부드러운 단어의 사용
뚜렷한 의미를 갖지 않는 단어나 용어 예) 에코·프랜들리

원칙② 환경을 오염시키고 있는 기업인데 그린 상품을 판매
예) 하천을 오염시키는 공장에서 생산된 지속 가능성이 높은 전구

원칙③ 암시적인 그림 사용
전혀 근거가 없음에도 불구하고 환경에 좋은 영향을 미치고 있음을 암시하는 듯한 이미지 그림을 사용한다
예) 굴뚝으로 연기 대신 꽃이 배출된다

원칙④ 부적절하고 동떨어진 주장
여타 기업 활동이 환경 보호에 반함에도 불구하고 일부에서 이루어지고 있는 소소한 환경 활동을 크게 강조한다

원칙⑤ 보다 나쁜 것과 비교하여 상대적으로 잘 보이려 함
경쟁사가 환경 활동에 대해 의식이 매우 낮거나 성과가 없는 경우, 두드러진 환경 활동을 하고 있지 않음에도 불구하고, 타사보다 환경을 더 배려하고 있다고 주장한다

원칙⑥ 전혀 설득력이 없는 표현
유해 제품을 그린화 했다고 해서 안전한게 되는 건 아니다
예) 에코·프랜들리 (친환경) 담배

원칙⑦ 번거롭거나 이해하기 어려운 말
과학자가 아니면 확인이나 이해할 수 없는 단어나 정보를 사용한다

원칙⑧ 가공인물의 주장을 사용한 조작
독자적으로 만든 '라벨'임에도 불구하고 공신력 있는 제3자로부터 승인을 받은 것처럼 속인다

원칙⑨ 증거가 없다

원칙⑩ 완전한 거짓말

출처 : 영국 퓨테라(FUTERA)사 'The Greenwash Guide'에서 작성

핵심 요약
☐ 거짓이나 속임수를 쓰는 기업에게는 큰 위험이 기다리고 있음
☐ 정직하게 정보를 공개하는 기업이 아니면 신뢰를 얻을 수 없음

기업이 반드시 알아야 하는 2가지「행동 규범」

기업의 지속가능한 성장을 지탱하는 2 가지「행동 규범」

일본에서는 2014 년 2 월 일본판「스튜어드십 코드 (Stewardship Code 이하 , SS 코드)」, 2015 년 3 월에는「코퍼레이트 거버넌스 코드 (Corporate Governance Code 이하 , CG 코드)」가 공표되었습니다 . 코드는 일본어로 ' 규범 ' 을 가리키는 말로 , 이 두 코드는 기관투자자 및 기업이 스스로 준수할 것을 선언하는 연성규범 (soft law, 68 페이지) 입니다 . ESG 과제의 해결을 통하여 기업의 중장기적인 기업가치 제고를 독려하는 것으로 우리의 이익을 지키고 경제 전체의 성장을 촉구하는 두 개의 축으로 중시되고 있습니다 .

SS 코드는 스튜어드 (자산관리인) 인 기관투자자의 행동규범입니다 . GPIF 나 금융기관 등 기관투자자는 거액의 자금을 투자하고 있지만 그 자금의 채권자 (출처) 는 원래 국민 모두 (개인 , 연금가입자 , 보험계약자 등) 입니다 . 즉 국민들에 대한 책임 (= 수익을 냄) 을 다하기 위해 투자대상 기업에 대해 ESG 과제를 해결하고 지속적인 성장을 실현하는 행동을 요구합니다 .

한편 , CG 코드는 (도쿄) 증권거래소와 금융감독기관 등이 정리한 중장기적인 기업가치 제고를 위해서 상장기업의 경영자가 지켜야 하는 규범입니다 . 이 규범에서 기업은 중장기적인 수익 향상을 위해 기관투자자와 그 배후에 있는 최종 자금출자자인 개인과 ' 건설적인 대화 ' 를 하도록 요구받고 있습니다 .

2015 년 3 월 공표 시에는 ESG 에 대한 언급은 없었으나 , 2018 년 6 월 개정 시에는 공개해야 하는 ' 비재무정보 ' 에 이른바 ESG 요소 관련 정보를 포함하도록 명기되었습니다 . 또한 , 2021 년 개정에서는 ESG 관련 정보의 공개를 이사회의 책무로도 규정하였습니다 .

「SS코드」와 「CG코드」의 개념

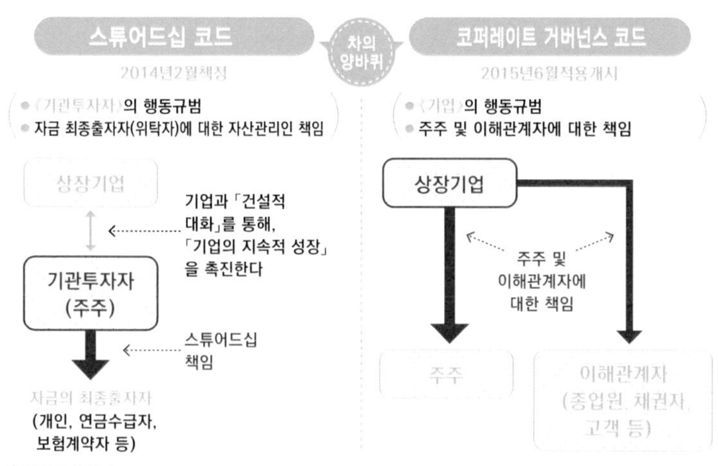

출처: 일본 금융청

「SS코드」와 「CG코드」의 관계성

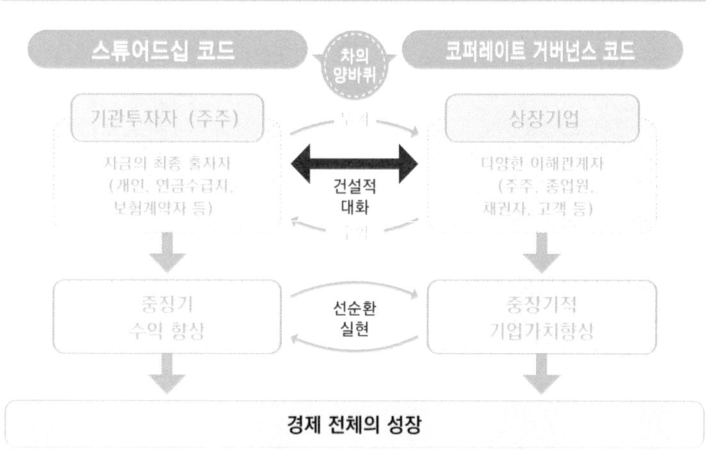

출처: 일본 금융청

핵심 요약	☐ 「스튜어드십 코드」는 기관투자자의 행동 규범임 ☐ 「코퍼레이트 거버넌스 코드」는 기업의 행동 규범임

거래소가 공표한 「ESG 정보공개 실천 가이드」

정보를 공개하기 위한 「4 가지 단계」

2020 년 3 월 일본거래소그룹 (JPX) 와 도쿄증권거래소 (TSE) 는 상장기업의 자발적인 ESG 정보에 대한 공시를 지원하기 위해 「ESG 정보공개 실천 가이드」를 공표하였습니다 . 상장 기업이 ESG 정보 공개에 대하여 검토할 때 주요 포인트를 중심으로 관련 방식 및 절차가 다음과 같은 4 단계로 정리되어 있습니다 . (오른쪽 페이지 참조)

단계 1.　ESG 과제와 ESG 투자

단계 2.　기업의 전략과 ESG 과제의 관계

단계 3.　감독과 실행

단계 4.　정보 공개와 참여 (인게이지먼트)

「단계 1」 에서는 ESG 투자 기법의 기본적인 설명과 운용 회사에 의한 ESG 정보 기반 기업가치 평가 사례 등이 소개되어 있습니다 . 「단계 2」 에서는 ESG 과제 해결을 실천하기 전 단계로 GRI(지속가능성 보고서 가이드라인) (94 페이지), SASB(지속가능성 회계기준위원회) (96 페이지), TCFD(기후 관련 재무정보 공개 태스크포스) 제언 (98 페이지) 같은 정보공개 표준 규칙을 이용하여 기업이 자사 입장에서 중대성 과제 (Materiality, 136 페이지) 를 명시하는 것의 중요성에 대하여 설명하고 있습니다 . 실제로 어떻게 ESG 과제 해결을 실천하는가에 대한 설명이 있는 부분은 「단계 3」 입니다 . 그리고 「단계 4」 에서는 어떤 기준을 사용해 어떻게 정보를 공개할지를 설명하고 있습니다 .

단계별로 참고할 수있는 사례들이 소개되어 있으며 상장 기업이 아니더라도 중소기업에서도 ESG 를 실천하는데 참고할 만한 내용입니다 . 한 번은 훑어 보는 것을 추천합니다 .

ESG 정보공개에 이르기까지의 4단계

STEP.1 ESG 과제와 ESG 투자

1-1) ESG 과제와 ESG 투자를 이해한다
- ESG와 기업가치
- ESG 과제
- ESG 투자 확대
- ESG 투자와 투자자의 수탁자 책임
- 다양한 투자자
- 투자자의 ESG 정보공개 요청
- ESG와 코퍼레이트 거버넌스 코드
- ESG 과제와 기업 활동

STEP.2 기업 전략과 ESG 과제의 관계

2-1) 기업의 전략에 대한 영향을 고려한다

2-2) 중대성 과제(materiality)를 특정한다
- ESG정보의 중대성 과제
- 중대성 과제 특정 의의
- 중대성 과제 후보 리스트 작성
- ESG 과제 중요도 평가
- 전략에의 편성

STEP.3 감독과 실행

3-1) 의사결정 프로세스에 포함한다
- 탑 매니지먼트(경영진)의 약속
- 거버넌스

3-2) 지표와 목표치를 설정한다
- 지표의 설정
- 목표치의 설정
- PDCA(계획 · 행동 · 평가 · 개선) 실시

STEP.4 정보 공개와 참여

4-1) 공개내용의 정리
- ESG 과제와 기업가치의 관계
- 투자자의 정보 원천

4-2) 기존 틀의 이용
- 정보 공개의 틀

4-3) 정보제공 시 유의점
- 정보를 공개하는 매체
- 영어로 공개
- ESG 데이터의 검증

4-4) 투자자와 양방향 인게이지먼트(참여)
- 목적 있는 대화
- 다양한 인게이지먼트에 대한 대응

핵심 요약

☐ 「ESG 정보공개 실천 가이드」은 ESG 정보를 어떻게 공개하는지 알기 위한 안내서임

ESG 정보공개 기준 ①
「GRI 스탠다드」

전 세계에서 사용되고 있는 정보공개 표준 중 하나

네덜란드 수도 암스테르담을 본거지로 하는 국제 NPO 인 GRI(Global Reporting Initiative) 가 재무보고처럼 비재무정보의 공개를 표준화를 위해 만든 안내서가 「GRI 스탠다드」 입니다 . GRI 스탠다드는 기업 등이 경제 , 환경 , 사회에 끼치는 긍정적 , 부정적 영향을 전체 이해관계자 (지역 커뮤니티 , 거래처 , 종업원 , 투자자 등) 에 보고하는 기준이 되고 있습니다 .

글로벌 대기업 상위 250 개사의 약 75% 가 지속가능성 보고서나 통합보고서 발행 시 적용하고 있는 세계에서 가장 널리 채택되고 있는 비재무보고 스탠다드 중 하나입니다 .

GRI 스탠다드는 「공통 스탠다드 (100 시리즈)」 와 「항목별 스탠다드 (200, 300, 400 시리즈)」 로 구성되어 있습니다 . 항목별 스탠다드는 「경제 (200 시리즈)」 , 「환경 (300 시리즈)」 , 「사회 (400 시리즈)」 로 구성되어 있습 있습니다 .

GRI 스탠다드는 보고의 표준화를 추진하기 위하여 항목별 공개 사항을 상세히 정하고 있음이 특징인데 , 그로 인해 전체 문서의 양이 방대합니다 . 그 중에서도 GRI 스탠다드를 대략적으로 이해하는데 있어서 알아두어야 할 사항으로는 GRI 101 에 기재되어 있는 ' 보고 내용에 관한 원칙 ' 과 ' 보고 품질에 관한 원칙 ' 으로 구성된 '10 가지 보고 원칙' 이 있습니다 .(오른쪽 페이지 아래 그림 참조) GRI 스탠다드는 상황에 따른 개정이 이루어지고 있으며 개정 작업에 참여하는 위원은 기업 , 투자자 , NGO 등으로 구성되어 있습니다 .

GRI 스탠다드 전체 개요

중대성 기준으로 특정한 항목을 선택하고 그 공개사항을 보고

【포함하는 항목】
GRI201 : 경제 성과
GRI205 : 부패방지
등 7개 항목

【포함하는 항목】
GRI304 : 생물다양성
GRI305 : 온실가스배출
등 8개 항목

【포함하는 항목】
GRI401 : 고용
GRI409 : 강제노동
등 19개 항목

GRI 스탠다드「GRI 101」10가지 보고 원칙

《보고내용(Contents)에 관한 원칙》

- 이해관계자의 포괄성
- 지속가능성의 맥락
- 중대성
- 완전성

《보고품질(Quality)에 관한 원칙》

- 균형
- 비교가능성
- 정확성
- 적시성
- 명확성
- 신뢰성

핵심 요약

☐ GRI는 세계에서 가장 널리 채택되고 있는 비재무정보 공개 프레임 중 하나임

ESG 정보공개 기준 ②「SASB 스탠다드」

중요 과제를 특정하여 정량적 정보 공개를 요구하는 SASB

SASB(지속가능성 회계기준위원회) 는 2011 년 회계전문가들에 의해 설립된 ESG 요소에 관한 공개 기준을 설정하는 미국의 비영리조직입니다 . 일본에서는 일반적으로 ' 사스비 ' 로 불리고 있습니다 .

이 SASB 가 공표한「SASB 스탠다드」는 ESG 정보 공개 규칙의 글로벌 스탠다드 중 하나입니다 .

2020 년 1 월 세계 최대 자산운용회사인 미국 블랙록 CEO 래리 핑크가 주주 서한에서「SASB 스탠다드에 따른 정보공개」를 전 세계의 기업에 요구했는데요 . 이것을 계기로 일본에서도 SASB 스탠다드에 대한 관심이 급속히 높아졌습니다 .

SASB 스탠다드는 주로 투자자를 위한 정보공개 규칙입니다 . 'SASB Materiality Map'(2 페이지 참조) 에서는 전 산업을 11 개 부문으로 나누고 (' 소비재' 부문 아래에 '어패럴 , 가전제품 , 일용품 등' 과 같이 총 77 개 업종으로 구분), 오른쪽 페이지에서와 같이 각각 5 개 분야 26 개 항목 중 어느 것을 Materiality (중대성 과제) 로 설정하면 좋을지 알려주고 있습니다 . 이를 참고로 각 기업은 미래의 실적 · 재무에 큰 영향을 미치는 'Materiality(중대성 과제)' 를 정하고 , 가능한 한 정량적인 정보 공개를 요구받고 있습니다 . 예를 들면 , '소비재' 부문의 '어패럴 , 가전제품 , 일용품' 업종은 '비즈니스 모델 및 혁신' 분야의 '공급망 (supply-chain) 관리' 항목의 공개가 중요합니다 .

일본에서는 도요타 자동차 , 히타치 제작소 , 기린 (Kirin) 홀딩스 등에서도 SASB 스탠다드를 활용하여 정보를 공개하고 있습니다 .

SASB 스탠다드 5개 분야, 26개 항목의 중대성(Materiality)

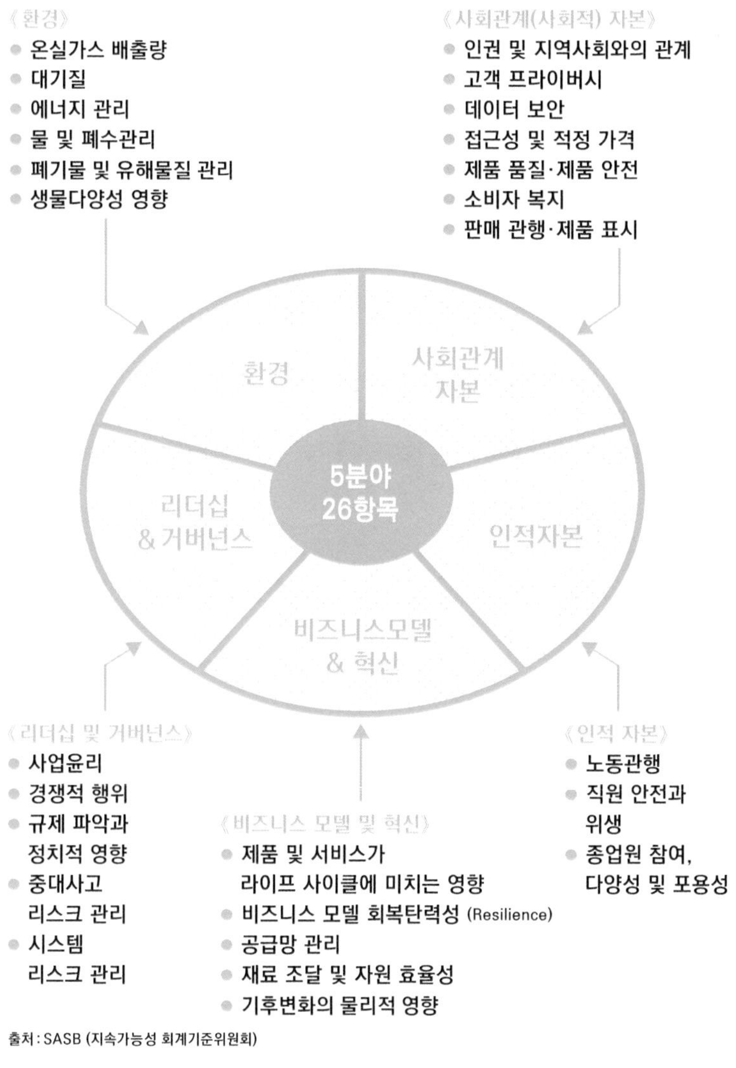

출처 : SASB (지속가능성 회계기준위원회)

핵심 요약	☐ SASB 스탠다드는 정보공개 표준 중 하나임 ☐ 기업이 산업 특화된 ESG 중대성 과제를 선정할 때 참고가 됨

ESG 정보공개 기준 ③ 「TCFD 제언」

기후변화에 관하여 특화된 정보공개 규칙

2015 년 12 월 기후변화 문제에 관한 국제적인 틀인 「파리협정」이 채택되자 금융업계를 중심으로 투자자가 기업의 기후 관련 리스크와 기회를 적절히 평가할 수 있는 정보 공개를 위한 체계 마련이 필요해졌습니다 .

2017 년 6 월 각국 중앙은행 총재 및 재무장관으로 구성된 금융안정이사회 (FSB) 가 설립되어 , 민간 주도 전문위원회인 TCFD(기후 관련 재무정보공개 태스크포스) 가 「TCFD 제언」 을 공표했습니다 . 그 목적은 기업에 일관성 , 비교가능성 , 신뢰성 , 명확성을 갖는 효율적인 기후 관련 재무정보를 공개하여 투자자가 적절한 투자 판단을 할 수 있도록 한 것입니다 .

TCFD 제언은 기업 등에 대해 자사의 비즈니스 활동에 영향을 미치는 기후변화의 ' 리스크 ' 와 ' 기회 ' 를 파악하고 , 오른쪽 페이지 표에서 설명하는 전체 산업 공통 가이던스 (Guidance for All Sectors) 에서 「거버넌스」, 「전략」, 「리스크관리」, 「지표와 목표」 라는 4 가지 요소의 공개를 권장하고 있습니다 .

부록 문서에서는 기후변화의 영향을 잠재적으로 크게 받는 4 개의 금융산업 (은행 , 보험회사 , 자산소유자 , 자산운용사) 와 4 개의 비금융산업 (에너지 , 운수 , 원료 · 건축물 , 농업 · 식량 · 임업제품) 에 대해서 모든 산업 공통 가이던스를 보충할 목적으로 보조 문서도 작성되어 있습니다 .

2021 년 4 월 26 일 현재 TCFD 를 지지하는 기업 · 기관은 전 세계적으로 2,038 개가 있으며 , 이 중 377 개는 일본의 기업 · 기관으로 영국 (322 개), 미국 (302 개) 을 웃돌아 국가별 비교에서는 세계 최대입니다 .

「TCFD제언」의 전체 섹터 공통의 제언 내용

거버넌스	전략	리스크관리	지표와 목표
기후 관련 리스크와 기회에 관한 지배구조 공개	기후 관련 리스크와 기회가 가져오는 사업, 전략, 재무계획에 대한 현재와 잠재적인 영향을 공개	기후 관련 리스크를 어떻게 특정하고, 평가하며, 관리하고 있는지를 공개	기후 관련 리스크와 기회를 평가 및 관리 시에 이용하는 지표와 목표를 공개
권장되는 공개 내용			
a) 기후 관련 리스크와 기회에 대해 이사회 감시체제 설명	a) 특정한 단기, 중기, 장기 기후 관련 리스크와 기회를 설명	a) 기후 관련 리스크를 특정하고 평가하는 프로세스를 설명	a) 스스로의 전략과 리스크 관리 프로세스에 입각, 기후 관련 리스크와 기회를 평가하기 위한 사용 지표 공개
b) 기후 관련 리스크와 기회를 평가, 관리하는 경우 경영의 역할을 설명	b) 기후 관련 리스크와 기회가 비즈니스, 전략, 및 재무 계획에 미치는 영향을 설명	b) 기후 관련 리스크를 관리하는 프로세스를 설명	b) Scope 1, 2, 3의 온실가스 배출량과 관련 리스크에 대해 설명
	c) 2℃ 또는 이를 밑도는 미래의 다른 기후 시나리오를 고려하여 전략 리질리언스 설명	c) 기후 관련 리스크를 특정, 평가, 관리하는 프로세스가 전사적 리스크관리에 어떻게 통합되어 있는지 설명	c) 기후 관련 리스크와 기회를 관리하기 위해 사용하는 목표 및 목표에 대한 실적 공개

출처 : TCFD (기후변화 관련 재무정보공개 협의체)

핵심 요약	☐ TCFD는 기후관련 정보 공개를 촉구하는 프레임워크 ☐ 일본은 TCFD를 지지하는 기업·기관이 세계에서 가장 많음

다양한 비재무보고 통일기준 마련에 착수

많은 공개 규칙이 있기에 기업은 혼란을 겪고 있습니다

지금까지 세 가지의 정보공개 기준을 설명하였으나, 정보공개 기준이 세 가지만 있는 것은 아닙니다. 비재무보고의 필요성이 높아지고 있는 가운데 다양한 단체가 보고 기준을 정함으로써 다양한 보고 기준이 난립하게 되면서 정보를 공개하는 기업에 혼란을 주고 있습니다.

애초에 비재무보고는 재무보고에 비해 보고 범위가 매우 넓고 그 범위를 특정하기 어렵기 때문에 규정화가 까다롭습니다. 또한 여러 기준이 있음으로써 어떠한 기준을 채택할 것인가를 검토하는 단계에서도 여러 의문이 생깁니다.

이러한 상황을 우려해 GRI(94 페이지), SASB(96 페이지), CDP(탄소정보공개프로젝트), CDSB(기후공개표준위원회), IIRC(국제통합보고위원회) 등 5개 기준 설정단체는 2020년 9월 각각 공개해야 하는 정보의 차이를 극복하고 재무보고와 같이 폭넓은 이해관계자가 비교하기 쉽도록 국제통일기준을 목표로 할 것을 표명하였습니다.

이러한 혼란을 대응해야 한다는 문제의식에 따라 국제회계기준을 만든 IFRS 재단과 금융 당국의 국제기관인 IOSCO(국제증권감독기구)는 제휴를 통해 보고 기준의 절충에 나서고 있습니다. 지난 2021년 11월 유엔기후변화협약당사국총회(COP26)에서는 국제지속가능성공시기준위원회(ISSB) 설립을 통해 순차적으로 공시기준을 개발하기로 했습니다. 그러나 ESG 보고에 관한 분야는 날마다 진화하고 있습니다.

기업은 공개 기준의 변경에 신속히 대응할 수 있도록 자사의 정보를 공개하는 의미와 왜 ESG 정보를 공표하는지 그 목적을 정리해가면서 정보공개 기준의 글로벌 동향과 최신 정보에 대해 민감해질 필요가 있습니다.

다양한 정보공개 기준의 통일화 방향으로

《이용주체》 모든 기업

GRI 글로벌·리포팅·이니셔티브

《공개기준》 GRI 스탠다드

《미션》 폭넓은 관심사를 고려해서 기업이 ESG에 대한 영향을 보고하는 것을 지원

《이용주체》 상장기업

SASB 지속가능성 회계기준위원회

《공개기준》 SASB 스탠다드

《미션》 증권거래소에 제출하는 중요한 지속가능성 정보 공개 촉진

2021년6월 조직통합 : 가치보고(공시)재단 (Value Reporting Foundation, VRF)

《이용주체》 기업, 지자체

CDP 구 : 탄소·정보공개·프로젝트

《공개기준》 CDP질문서·가이던스

《미션》 온실가스배출량, 물, 산림, 공급망(supply chain) 관련 데이터 파악

《이용주체》 상장 기업

IIRC 국제통합보고위원회

《공개기준》 국제통합보고 프레임워크

《미션》기업의 「통합보고서」를 작성할 수 있는 지도원칙과 컨텐츠 요소의 확립

《이용주체》 상장기업

CDSB 기후변화공개 기준위원회

《공개기준》 CDSB 프레임워크

《미션》 주요한 기업보고인 재무보고에 기후변화 관련 정보공개를 촉진

ESG의 정보공개 기준은 날마다 진화하고 있음
최신 정보에 민감하지 않으면 뒤쳐진다!

핵심 요약

- ☐ ESG에 관한 정보공개 기준에는 여러 가지가 있음
- ☐ 다양한 정보공개 기준의 통일화 움직임도 있음

Z홀딩스의 ESG 정보를 살펴봅시다

적극적인 정보공개는 기업의 신뢰도를 높입니다

특히 상장기업은 ESG 에 관한 정보공개를 확대할 것이 요구되고 있는데 실제로 어떠한 항목의 정보가 공개되고 있는지 살펴봅시다 .

그중에서도 참고가 되는 것은 Z 홀딩스입니다 . Z 홀딩스는 산하에 야후 및 LINE 을 소유하고 있으며 소프트뱅크 , 네이버가 동등한 지분을 가지고 있는 A 홀딩스의 지배를 받습니다 . Z 홀딩스는 일본 내 상장기업 중에서도 특히 적극적으로 ESG 정보를 공개하고 있으며 회사 홈페이지의 'Sustainability' → 'ESG Data' 에서 찾아 볼 수 있습니다 . 해당 페이지에 ' 환경 ', '사회 ', ' 거버넌스 ' 로 정리되어 있으며 꽤 상세한 데이터를 발표하고 있습니다 .

예를 들면 「환경」 항목에서는 「CO_2 총배출량」 , 「폐기물 재활용률」 등을 , 「사회」 항목에서는 「관리직에서 여성이 차지하는 비율」 , 「육아휴가 사용률」 , 「장애인 고용률」 등을 , 「거버넌스」 항목에서는 「내부신고 건수」 , 「정치 후원금」 등을 발표하고 있습니다 .

ESG 와 관련된 경영활동을 국내외에 알리고 있는 기업은 증가하고 있습니다 . 그러나 현재로서는 Z 홀딩스와 같이 누구나 알 수 있도록 상세한 ESG 지표를 공개하는 기업은 많지 않습니다 . Z 홀딩스는 적극적으로 ESG 정보를 공개함으로써 , 대외적으로는 이해관계자들에게 널리 알리는 한편 대내적으로는 사내 구성원들이 긴장감을 가지고 진지하게 ESG 를 대하게 합니다 .

정보공개에는 데이터 수집을 위한 금전적 비용뿐만 아니라 시간적 비용도 필요합니다 . 그런데도 정보를 공개하는 것은 해당 기업 입장에서는 강한 의지를 가지고 ESG 에 대한 명확한 태도를 보이는 것이 그 비용을 상회하는 장기적인 이익을 가져올 수 있다고 판단하기 때문입니다 .

Z홀딩스의「ESG 데이터」(발췌)

환경				
데이터 항목	2017년도	2018년도	2019년도	
				커버리지*
CO_2 (Scope 1+2) 총배출량 ($t-CO_2$)	106,371 (83,865)	101,314 (81,226)	118,345 (90,276)	93.4%
Scope 1	3,060	3,614	4,203	93.4%
Scope 2	103,308	97,593	114,142	93.4%
Scope 3	—	1,339,004	1,338,755	80.3%
재생 에너지 비율 (%)	7.00%	7.90%	12.31%	83.7%
물 소비량 (㎥)	326,546	339,829	577,406	92.0%
생물다양성 보존 투자액	470만엔	800만엔	1,035만엔	42.5%

사회					
데이터 항목		2017년도	2018년도	2019년도	
					커버리지*
여성관리직수 : 전체에서 차지하는 여성 비율	여성	14.40%	16.50%	18.90%	99.0%
장애인 고용률	전체	2.11%	2.17%	2.40%	—
육아휴직 사용률	남성	17.80%	16.30%	20.30%	99.0%
	여성	99%	99%	99.30%	99.0%
	복직률	96.10%	99.20%	95.10%	—
돌봄휴가 이용자 수	전체	70인	90인	113인	—
유급휴가 사용률	전체	81.90%	77.80%	75.60%	99.0%

거버넌스			
데이터 항목	2018년도	2019년도	
			커버리지*
내부신고건수	76건	87건	97.0%
정치 후원금	233만엔	223만엔	—

「환경」,「거버넌스」커버리지는 Z홀딩스 그룹을 구성하는 그룹 각사의 매출 수익 비율에 의해 산출,
「사회」커버리지의「—」항목은 야후 주식회사의 데이터
※ 괄호 내 수치는 야후의 시설(데이터 센터 포함) 및 같은 부지 내에 거점을 둔 그룹 회사를 포함한 값

출처: Z홀딩스 홈페이지

핵심 요약

- ☐ ESG 정보공개는 사내 ESG 대응을 촉진하는 효과를 가져옴
- ☐ 정보공개로 사외에 ESG 대응의 진정성을 어필할 수 있음

임원보수를 ESG에 연동시키는 기업이 늘고 있는 이유

실질적 실행을 위해 임원보수를 ESG 와 연동시킵니다

미국에서는 주요 기업 절반 이상이 임원보수제도에 ESG 목표 달성률을 연동시키는 구조를 도입하고 있습니다 . 예를 들면 미국 스타벅스 (156 페이지에서 설명) 는 2021 년부터 제조 · 소매 부문 종업원의 40% 이상을 유색 인종으로 하는 목표 달성을 위한 진척 수준을 임원보수에 반영시키고 있습니다 .

기업이 임원보수를 ESG 평가에 연동시키는 것은 경영자에게 ESG 성과를 높이도록 요구하는 주주 요구에 대해 기업이 ESG 대응의 진정성을 보여주는 하나의 상징이라고 할 수 있습니다 .

지금까지 기업 경영자는 기관투자자를 중심으로 하는 주주로부터 단기적 이익 증대를 요구받아 왔습니다 . 하지만 그러한 의식이 바뀌어 중장기적 관점에서 비재무적 성과도 평가받게 되면서 이제는 경영자들이 ESG 과제에 더욱 더 적극적으로 대응할 것을 요구받고 있습니다 . 아무리 단기 이익을 많이 내더라도 온실가스 배출량을 늘리거나 고객만족을 무시하면 과거와 같은 평가를 받을 수 있는 시대가 아닙니다 .

일본기업은 유럽과 미국에 비해 뒤지고 있으나 ESG 를 중시하는 기업이 증가하는 가운데 , 재무 목표의 달성뿐만 아니라 온실가스 배출량 감축 , 고객만족도 향상 등과 같은 비재무적 목표의 달성 정도를 임원보수에 반영하는 구조를 도입하는 기업이 증가하고 있습니다 .

예를 들면 세븐 & 아이 홀딩스가 2021 년 2 월부터 온실가스 감축량을 임원보수에 반영시키는 구조를 도입했습니다 . 그 이전에는「2050 년까지 탄소 배출량을 실질적으로 zero 로」라는 장기 목표도 있었습니다 . 이처럼 임원보수제도의 변경을 장기적인 목표 달성을 위한 실질적인 행동으로 이어가는 것이 중요합니다 .

ESG에 연동된 보수제도를 채용하고 있는 주요 기업

	기업명	내용
일본	세븐&아이 홀딩스	2021년 2월부터 온실가스 배출량 감축을 임원보수에 연동하는 시스템 도입
	ENEOS 홀딩스	온실가스 배출량 감축을 임원보수에 연동하는 시스템 도입
	히타치제작소	2021년 4월부터 온실가스 배출량 감축을 임원보수에 연동하는 시스템 도입
	카오	미국기업윤리추진 싱크탱크인 Ethisphere Institute사가 선정하는 '세계에서 가장 윤리적인 기업' 선정 여부에 따라 임원보수가 변동하는 시스템을 도입
	ANA 홀딩스	고객만족도, 직원만족도를 임원 상여 평가 기준에 반영하는 시스템 도입
미국	셰브론	온실가스 감축량을 임직원과 거의 모든 직원의 보수에 연동하는 시스템 도입
	스타벅스	2021년도부터 직원의 40% 이상을 유색인종으로 한다는 목표의 추진 상태를 임원보수에 반영
	애플	2021년 임원상여금을 사회적·환경적 가치관에 대한 실적을 바탕으로 최대 10% 증감하는 시스템을 도입
유럽	다논	직원 대우나 환경 시책의 진행 상태로 보수 20%를 평가
	로열 더치 쉘	온실가스 배출량 감축을 임원보수에 연동하는 시스템 도입
	유니레버	임원보수에 영양 개선 및 폐기물 배출 감소, 여성 활약 등 여러 ESG 지표 활용

출처 : 각종보도

핵심 요약
- ☐ ESG 목표 달성과 임원보수를 연동하는 기업이 증가하고 있음
- ☐ 임원보수연동으로 경영진이 ESG에 적극적으로 관여하게 함

「DX」없이 「ESG 경영」 실현은 불가능합니다

「디지털 기술의 도입 = DX」가 아닙니다 !

최근 주목을 받고 있는 「DX(디지털 트랜스포메이션)」 는 단적으로 말하면 ' 기업의 실적 향상을 목적으로 디지털 기술을 사용하여 비즈니스 모델이나 업무 프로세스 , 기업 문화 등 광범위하게 기업을 변혁하는 것 ' 입니다 . 언뜻 보기에 'DX' 는 'ESG' 와 무관해 보이지만 DX 는 ESG 경영의 성패를 좌우하는 열쇠가 될 요소입니다 .

ESG 경영에서 중요한 '비재무정보' 는 제도화된 규칙이 있는 '재무정보' 와는 달리 눈에 보이는 성과를 내기가 쉽지 않습니다 . 예를 들면 , '폐플라스틱을 100% 재활용한다' 는 목표를 설정하고 그 진척을 어떻게 파악할 수 있을까요 ? 그러기 위해서는 물류를 트래킹 (추적) 하여 데이터를 수집 · 분석하고 시각화할 필요가 있습니다 . 이를 할 수 없으면 현황을 파악할 수 없고 정보도 공개할 수 없습니다 . 디지털 기술을 사용해 시기적절하게 파악할 수 있다면 빠르게 정보를 공개할 수 있고 이해관계자의 신뢰를 얻는 것으로도 이어집니다 . 또한 그 정보를 기초로 빠른 경영 의사결정 판단이 가능한 것 외에도 신상품 · 서비스의 적시 투입 , 작업효율 향상 , 비용 삭감 등의 장점을 기대할 수 있습니다 . 즉 , DX 없이는 환경 · 사회 과제의 해결은 어렵다고 해도 과언이 아닙니다 .

코로나 19 대유행 사태가 일본의 디지털화에 의한 업무를 효율화하는데 도움이 되었지만 , 미국 , 유럽에 비해 ESG 와 DX 를 실효성 있는 형태로 연결시키고 있는 기업은 아직 소수에 불과합니다 . 새로운 디지털 기술을 도입하는 것이 DX 의 전부는 아닙니다 . 디지털 기술의 도입을 계기로 과거에 얽매이지 않는 ESG 대응이 가능한 조직으로 혁신하는 것이 필요합니다 .

DX(디지털 트랜스포메이션) 이란?

DX
Digital transformation
디지털 트랜스포메이션

기업의 경쟁 우위를 확립하기 위하여 디지털 기술을 활용하여,
비즈니스 모델, 업무 프로세스, 기업 문화를 변화, 혁신하는 것.

업무효율화를 목적으로 하는 'IT화'와는 다르다!

DX와 ESG는 기업에 큰 변혁을 일으키는 구조

DX ↓

업무의 효율화뿐만 아니라,
비즈니스 모델,
업무 프로세스, 기업 문화
등에도 변혁이 생기고
할 일이 달라진다!

ESG ↓

사회적 니즈에 어떻게 반응할까
어떤 정보를 명시하고 공개할까
이해관계자와
어떤 관계를 구축할까
등 할 일이 바뀐다

↓

양쪽에서의 변화가 기업에 변혁을 초래하고
지속적인 경제성장을 실현한다!

핵심 요약

- ☐ DX는 디지털 기술을 이용하여 조직에 변화와 혁신을 이끎
- ☐ DX도 ESG도 모두 기업에 다양한 변혁을 초래하는 장치임

Column

무시할수 없는 「유럽 그린딜(European Green Deal)」

2019 년 12 월 유럽연합 (EU) 정책집행기관인 유럽위원회 (EC) 에서 벨기에인 우르줄라 폰 데어 라이엔 (Ursula von der Leyen) 이 여성으로는 처음으로 집행위원장에 취임했습니다 . 발족 전부터 큰 주목을 받았던 것은 라이엔 위원장이 주력 정책이라고 평가하는 EU 의 새로운 성장 전략인 ' 유럽 그린 딜 ' 입니다 . 이는 2050 년까지 CO_2 뿐 아니라 모든 인위적인 온실가스 배출을 실질적인 제로로 하는 ' 카본 뉴트럴 (탄소중립)' 을 목표로 합니다 .

2020 년 1 월 14 일 EU 는 ' 지속가능한 유럽 투자계획 ' 을 발표하고 , 10 년간 1 조 유로 (약 1,350 조원) 의 투자를 계획하였습니다 . 이것으로 해상풍력발전의 규모를 2050 년까지 2020 년의 25 배인 300GW 로 하는 것 외에도 전기자동차 (EV) 용 배터리 증산 , 급속 충전소 등 공공 충전 설비의 보급 , 건물의 에너지 절약 등을 추진할 예정입니다 .

유럽 그린딜은 환경 분야의 시책에만 머무르지 않고 유럽의 경제 및 사회의 구조 변환을 도모하는 포괄적 전략이라고 할 수 있습니다 . EU 는 디지털 분야에서 미국 , 중국과의 경쟁에서 뒤처져왔기 때문에 , '환경' 에서 패권을 잡고 만회하고 싶어할 뿐만 아니라 , 코로나 19 대유행으로 크게 타격받은 경제 부흥의 기폭제로도 기대하고 있습니다 .

EU 의 규제 · 규정이 글로벌 시장에 미치는 영향력이 크다는 것을 EU 본부가 벨기에 브뤼셀에 있다는 사실에서 착안하여 ' 브뤼셀 효과 ' 라고도 하는데 , EU 는 환경 분야의 규제 · 규정 제정에서 기선을 잡고 브뤼셀 효과로 주도권을 잡으려 하고 있습니다 . 한국은 물론 일본과 관련이 없을 수 없는 이러한 EU 의 동향에 크게 주목할 필요가 있을 것 같습니다 .

Part 5

소비자에게 지지를 받으면
든든한 편이 되어준다!

ESG를 추진하려면 「소비자」를 끌어들여야

환경과 사회적 영향을 고려하는 「윤리적 소비」란?

소비자는 「윤리적」관점으로 기업을 선택하고 있습니다

우리가 사는 모든 상품과 서비스는 누군가가 어딘가에서 만든 것입니다. 지금까지 우리는 소비자로서 자신이 구매, 사용하는 상품 및 서비스의 이면에 어떠한 배경이 있는가에 대해서는 별로 관심을 갖지 않았습니다. 그런데 최근 그 이면에 아동 노동이나 환경 파괴 등과 관련되어 있는 상품은 '사지 않음'을 선택하는 소비자가 많아지고 있습니다. 이처럼 환경이나 인권, 사회에 대해 충분히 고려된 상품과 서비스를 적극적으로 선택하고 구매하는 것을 「윤리적 (ethical) 소비」라고 합니다.

'소비는 투표' 라고 불리기도 하는데, 소비자는 「윤리적」 관점에서 상품, 서비스, 그리고 이를 제공하는 기업을 선택하고 경우에 따라서는 불매 운동 (116 페이지) 이라고 하는 형태로 명확한 반대표를 행사하게 되었습니다. 즉 윤리적 소비는 소비자의 전형적인 ESG 행동이라고 할 수 있습니다.

상품이나 서비스가 가져오는 환경 및 사회 영향을 의식하는 소비자가 늘어난다면 이들이 기업의 혁신을 지원하여 사회 전체가 풍요롭고 지속가능하게 될 것입니다. 또한 소비자가 비윤리적인 상품을 선택하지 않게 되면 환경이나 인권과 같은 중요한 부분을 소홀히 여기는 기업을 도태시킬 힘이 생기게 됩니다.

소비자에게 「윤리적」 임을 알기 쉽게 표시하는 인증 제도도 증가하고 있습니다. 예를 들면 지속가능하며 적절히 관리되고 환경을 배려한 어업을 인증하는 「MSC 인증」 이나 삼림보호나 인권보호의 기준을 만족시키는 팜유 (기름야자 열매를 압착하여 만든 식물성 기름으로 식용유의 한 종류) 임을 인증하는 「RSPO 인증」 등이 있습니다.

「윤리적 소비」에는 어떤 것이 포함되는가?

환경 임팩트

에코상품을 선택
재활용 소재를 사용한 것이나 자원보호 등에 관한 인증이 있는 상품을 구입

인증라벨이 있는 상품을 선택
● MSC인증
해양 자연환경 및 수산자원을 보호하며 잡은 수산물을 구입

기부 포함 상품을 선택
매출액 일부가 기부로 이어지는 상품을 적극적으로 구입

생물다양성 임팩트

● RSPO인증
환경에 미치는 영향을 고려한 지속가능한 팜유를 사용한 상품(세제 등)을 구입

사회 임팩트

공정무역 상품을 선택
개발도상국 원료, 제품과 적정한 가격으로 계속 거래된 상품을 사용

지역 임팩트

현지 특산품을 구입
지역생산 지역소비에 의한 지역 활성화와 수송에너지 절감에 공헌

노동자 임팩트

강제노동으로 만들어진 상품은 사용하지 않음
강제노동에 관여한 사업자 상품을 구매하지 않음으로써 강제노동에 항의

출처 : 일본 소비자청 자료에서 작성

핵심 요약
☐ 환경 및 사회에 대한 임팩트를 고려하는 것이 「윤리적 소비」임
☐ 소비자의 윤리적 소비에 대한 의식이 높아지고 있음

전세계 「윤리적 소비 시장」 현황은 어떤가요?

서구 소비자들은 윤리적 소비 행동을 하고 있습니다

윤리적 소비활동의 하나로 「공정무역」 이 있는데 , 이것은 생산자의 소득 향상을 목적으로 공정한 무역과 거래를 지지하는 방침입니다 .

Fair Trade International 이 발표한 보고서에 따르면 2017 년 일본의 공정무역 소매판매액은 9,369 만 유로 (약 1,220 억원) 로 공정무역에 대한 높은 의식을 가진 서구에서도 특히 의식이 높은 스위스는 6 억 3,058 만유로 (약 8,200 억원) 였습니다 . 인구 1 인당 판매액으로 보면 , 일본은 불과 0.74 유로 (약 960 원), 스위스는 74.90 유로 (약 97,370 원) 로 약 100 배 정도 차이가 있습니다 .

서구에서는 소비자가 공정무역 제품을 선호하기 때문에 기업은 소비자에게 선택받기 위해 적극적으로 공정무역을 실천하고 있는 선순환이 생겨나고 있습니다 . 한편 , 일본에서는 원래 공정무역에 대한 인지도가 낮고 소비자도 구매하는 상품이 공정무역 인지 아닌지를 그다지 신경 쓰지 않기 때문에 , 기업이 공정무역을 실천하기 위한 압박이 있을 정도의 사회적 움직임이 있다고 할 수는 없습니다 .

한편 , 일본 국내 시장의 축소 등으로 해외에서 활로를 찾으려는 일본 기업들이 증가하고 있습니다 . 그러나 일본 내의 정서로는 경우에 따라서 미국 , 유럽의 소비자로부터 ' 비윤리적 ' 으로 보여질 리스크가 있음에 유의해야 합니다 . 또한 일본에서도 지속가능발전목표 (SDGs) 가 널리 보급된 적도 있어 미국 , 유럽이 생각하는 윤리 의식을 가진 소비자가 증가하고 있는 것은 고무적입니다 . ' 해외의 일이니까 상관 없다 ' 가 아니고 세계의 흐름에도 민감하게 신경을 쓸 필요성이 증가하고 있습니다 .

국가별 공정무역(Fairtrade) 소매 판매액

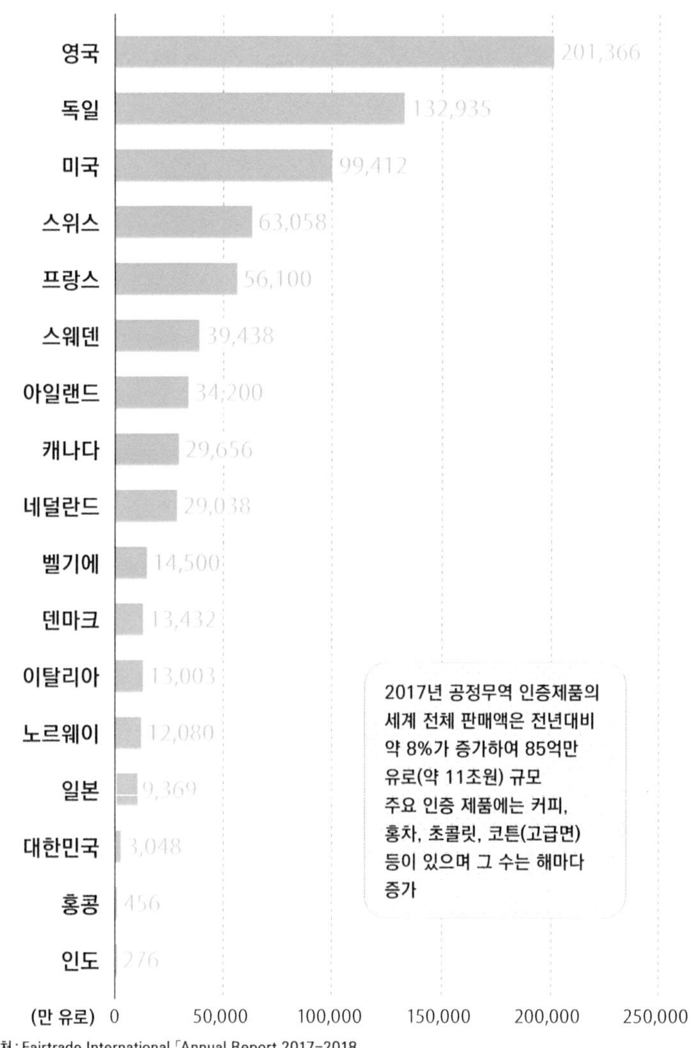

출처 : Fairtrade International 「Annual Report 2017-2018」

핵심 요약

- ☐ 일본은 서구에 비해 공정무역 소비 규모가 작음
- ☐ 국내 감각으로는 서구에서 '비윤리적'이 될 가능성이 있음

유럽에서는 당연해진 「윤리적 소비」의 현재를 알아봅니다

유럽의 소비자가 실천하는 다양한 「윤리적 소비」

유럽에서 「윤리적 소비」는 일부에서만 이루어지던 것이 점차 널리 인정되어 일반화되었다는 것은 이미 설명한 바와 같습니다. 특히 소비자가 눈을 돌리고 있는 것은 「자연 환경」, 「동물」, 「사람」에 대한 윤리적인 행동입니다.

예를 들어, 2020년 7월부터 일본에서도 비닐봉투 유료화가 실시되었는데, EU는 2018년에 10개 품목의 일회용 플라스틱 제품의 유통을 2021년부터 금지할 것을 결정한 바 있습니다. 그 전인 2014년에는 지참한 용기에 담아서 판매하는 음료나 세제 등과 같이 '폐기물 제로'를 컨셉으로 한 슈퍼마켓이 독일에서 탄생했듯이 정책을 앞서 실천하는 기업도 적지 않습니다.

동물애호 움직임도 활발합니다. 예를 들면, 거위나 오리 등에 강제 비육을 거쳐서 간을 비대화시키는 생산 과정이 잔혹하다는 이유로 유럽에서는 '푸아그라(살찐간)'를 생산하기 위한 강제 비육을 금지하는 나라가 증가하고 있습니다. 또한 가축의 트림이(특히 소는 위장에서 풀을 소화하면서 메탄을 생성하는데 트림이나 방귀로 배출) 온실가스를 대량 방출하고 사료로 곡물이나 물을 대량 소비하는 것으로부터 환경 부담이 큰 육류 섭취를 피하기 위해서 베지테리안(채식주의자)나 비건(완전 채식주의자)이 되는 사람도 늘어나고 있고 지금은 레스토랑이나 카페에서 채식주의자를 위한 메뉴가 드물지 않게 있습니다.

이 밖에도 미국, 유럽에서는 플라스틱 프리(Plastic Free), 생물분해성(Biodegradable), 크루얼티 프리(Cruelty Free), 프리러브드(Preloved) 등 일본에 아직 친숙하지 않은 단어들이 생활 곳곳에서 사용되고 있습니다. 이러한 영향으로 일본에서도 '윤리적 상품'을 찾는 소비자가 늘고 있으며 그러한 요구에 대응하는 기업도 증가하고 있습니다.

유럽, 미국 소비자에게 만연한 「윤리적 소비」 키워드

플라스틱 프리
《Plastic Free》

플라스틱을 사용하지 말 것. 매년 7월에는 「플라스틱 프리 줄라이」 라는 에코 운동이 실시되어 2020년에는 3억 2,600만명이 동참

예) 지참 용기에 '직접 담아가는 샵'

바이오 디그레이더블
《Biodegradable》

「생물이 분해 가능한」이라는 의미로 미생물이나 균류, 세균 등에 의해 분해되어 흙으로 되돌아갈 수 있는 플라스틱 제품 등

예) 생분해 가능 소재를 사용한 용기

콤포스터블
《Compostable》

「퇴비로 만들 수 있는」 것.
미생물의 힘으로 분해, 발효시키는 점에서 '바이오 디그레이더블'이지만, 퇴비가 된다는 점에서 차이가 있음

예) 식물유래소재를 사용한 부직포 마스크

크루얼티 프리
《Cruelty-free》

「잔혹함 없는」이라는 의미로 동물 유래 성분을 포함하지 않은 제품 또는 인체에 대한 안전성, 유효성 확인을 위해 개발 단계에서 동물실험을 하지 않은 제품

예) 크루얼티 프리 화장품

에티컬 패션
《Ethical Fashion》

의류 제조 업계 노동자에 대한 인권 침해나 환경에의 악영향이 문제 된 것에서 요구된 「사람과 환경을 배려한 패션」

예) 동물 모피를 사용하지 않은 인조 모피

비건
《Vegan》

고기, 생선, 계란, 유제품 등 동물성 식품을 전혀 먹지 않는 '완전 채식 주의자'

예) 동물 생명 존중에서 실천하는 '윤리적 비건'

프리러브드
《Pre-loved》

「이전 소유주에게 소중히 쓰였던 중고」 라는 의미로 헌옷 등 중고품을 말한다. 유럽에서는 지속가능한 패션의 키워드 중 하나

예) 프리 러브드 청바지

업사이클링
《Upcycling》

리사이클(재활용) 및 재사용과는 달리 폐기물을 본래 물건이 가진 특징을 살려 다른 새제품으로 부가가치를 갖게 하여 다시 태어나게 하는 창조적 재이용

예) 폐타이어로 만든 가방

핵심 요약

- ☐ 유럽, 미국 소비자는 '자연환경', '동물', '사람'을 보고 있음
- ☐ 윤리적 소비에 관한 다양한 키워드가 생겨나고 있음

소비자는 「불매 운동」이라는 무기를 가지고 있습니다

과거부터 소비자는 불매운동으로 기업을 비판해 왔습니다

최근 기업의 ESG 에 관련된 문제에 대해 소비자 관심이 높아지고 있습니다. 이는 해당 기업뿐만 아니라 원료 조달처 등 공급망 (supply-chain) 전체에까지 영향을 미칩니다. 지금까지 기업이 간과할 수 없는 여러 문제를 일으켜 왔던 것이 그 배경입니다.

2010 년에는 세계 최대 식품 · 음료 회사인 네슬레에 대해 국제적인 환경보호단체 그린피스가 불매운동을 전개하였습니다. 네슬레의 주력 상품 「킷캣(KitKat)」의 원료가 되는 팜유를 공급하고 있던 인도네시아 기업이 팜유의 원료가 되는 기름야자의 대규모 플랜테이션을 개발하기 위해 열대 우림을 벌 목하고 오랑우탄의 서식지 환경을 파괴하고 있었기 때문입니다. 네슬레는 인 도네시아 기업으로부터 팜유 조달을 중지하고 국제 NGO The Forest Trust (TFT) 와 파트너십을 체결해 공동으로 「팜유에 관한 책임 있는 조달 가이드 라인」을 작성했습니다. 나아가 모든 팜유를 「지속가능한 팜유를 위한 원탁회의 (RSPO)」에서 인증된 것으로만 사용했습니다.

나이키 하청공장이 아동노동에 관여한 일로 소비자들이 불매운동을 일으킨 것처럼 인권문제에서도 이러한 상황은 마찬가지입니다. 해당 기업 자체가 ESG 에 관한 문제를 일으킨다면 소비자 이탈은 물론, 공급망 (supply-chain) 의 업스트림 (제품 생산에 필요한 원자재나 부품을 확보하고 이동시키는) 까지 거슬러 올라가 환경, 인권, 지배구조에 대해 적절한 관리를 요구하는 시대가 되었습니다. 제대로 하지 못하면 소비자들은 최대 무기인 '불매 운동' 을 통해 기업이 올바른 행동을 하도록 촉구할 것입니다.

소비자가 실행에 옮긴 주요 불매운동

발생년도	대상기업	ESG분야	내용
1977년	네슬레 등	사회 거버넌스	네슬레사를 중심으로 하는 유아용 분유 생산업체들이 인공유에 의한 육아를 장려해 왔음. 그러나 엄마와 유아에게 여러 문제가 발생하면서 영유아용 식품판매 전략에 대한 항의 및 불매 운동이 전 세계로 확산. 현재도 이런 활동을 지속하는 소비자가 있음.
1997년	나이키	사회	인도네시아 및 베트남 등 공장에서 저임금 노동, 열악한 환경에서 장시간 노동, 과로, 아동 노동 등을 강요했다는 사실을 'CB', 'The New York Times' 등이 보도하면서 제품 불매운동이 세계적으로 확산. 이 문제로 5년간 1.4조엔 이상 매출 감소.
2000년	유키지루시 유업	거버넌스	이 공장에서 발생한 정전으로 고온상태에 방치된 탈지 분유의 원료에서 독소가 발생. 이를 그대로 유통시킴으로써 집단 식중독이 발생하여 피해자가 1만 3,420명에 달했음. 회사의 서툰 대응에 소비자들이 유키지루시 제품을 계속 사지 않자. 회사 존속의 위기에 몰렸음.
2001년	유키지루시 식품	거버넌스	거래처의 내부고발로 이 회사가 국내산 쇠고기의 원산지를 속인 것으로 드러남. 연이어 보조금 사기의 실태도 폭로되면서 사회적 신용이 실추되고 소비자들로부터도 외면 받아 2002년 4월 폐업.
2008년	와타미	거버넌스	직원이 과로 자살했는데도 이에 대한 창업자의 발언 및 회사 대응이 세간의 큰 비판을 받았음. 이 밖에도 그룹사에서 불상사가 발생해 소비자의 시선이 곱지 않아지면서 실적에 심각한 영향을 미치는 고객 이탈이 일어남.
2010년	네슬레	환경	회사의 주력 상품인 '킷캣'에 사용되는 팜유의 원료인 기름야자 재배로 열대우림이 파괴되고 있다고 하는 환경단체 그린피스의 비판이 불매운동으로 커짐.
2018년	버버리	환경	2018년 연차보고서에서 팔다 남은 옷이나 액세서리 등 3,700만 달러(약420억원) 상당을 새제품인채 소각 처분한 것이 판명되자, 환경보호단체, 환경의식이 높은 소비자가 크게 반발하고 불매운동으로 연결, 확산됨.

핵심 요약

- □ 소비자는 비윤리적 기업에 대해 '불매 운동'을 일으킴
- □ 기업은 참여하는 공급망 전체에 신경을 써야 할 필요성이 커짐

MZ 세대의「윤리적」 의식은 높습니다

MZ 세대는 '지금을 희생해서는 미래는 없다' 고 생각합니다

밀레니얼 세대 (1981 년 ~1996 년 출생), Z 세대 (1997 년 ~2012 년 출생) 는 그 이전 대량소비로 자란 세대와는 달리 , 공정무역 , 지역생산과 소비 , 오가닉 (유기농 , 화학비료를 쓰지 않은) 등「윤리적 소비」에 관심이 높은 것이 세계적인 특징입니다 . 이들 젊은 세대는 개인이나 커뮤니티의 희생 위에 성립되는 풍요로운 생활보다 ' 사회를 좋게 만들고 싶다 ' 는 방향성에 공감하는 성향이 강하다고 여겨지고 있습니다 .

이들 세대는 디지털 네이티브로 인터넷을 잘 사용하고 SNS 를 통해 온라인으로 국경을 넘나들고 있습니다 . 특히 Z 세대 오피니언 리더들은 스웨덴 환경운동가 그레타 툰베리 (Greta Thunberg) 로 상징되듯 , 자신들의 행동이 사회에 임팩트를 줄 수 있다고 생각하고 행동하며 그 윗 세대에게도 큰 영향을 미칠 정도입니다 .

「잃어버린 30 년」 이라 불리는 디플레이션 경제 하에서 자란 일본의 밀레니얼 세대나 Z 세대도 ' 지속가능성 ', ' 윤리적 소비 ' 에 대한 의식은 높아「지금을 희생해서는 미래는 없다」 고 생각하는 사람들이 증가하고 있습니다 . 코로나 19 감염병 대유행 사태를 겪으며 그 경향이 더욱 강해지고 있는 것 같습니다 .

미국에서는 X 세대 (1960 년대 ~1970 년대에 태어난 세대) 보다 밀레니얼 세대가 ESG 투자 관련 자산을 보유하거나 관심을 갖는 비율이 높고 (오른쪽 페이지 아래 그림) 투자 행동에도 윤리적 입장을 나타나고 있습니다 . ESG 선호도가 높고 , 앞으로 경제 , 사회의 핵심을 담당할 젊은 세대를 소비자로서뿐만 아니라 투자자로서 끌어들이기 위해서라도 기업이 ESG 대응을 강화할 중요성은 커질 것이 분명합니다 .

세대별「윤리적 소비」인지도 (일본)

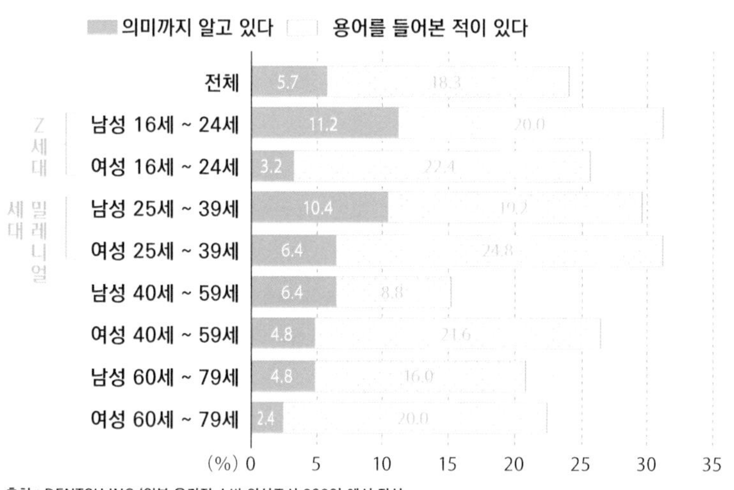

출처 : DENTSU INC '일본 윤리적 소비 의식조사 2020' 에서 작성

세대 간 ESG투자 관련 자산 선호도 차이 (미국)

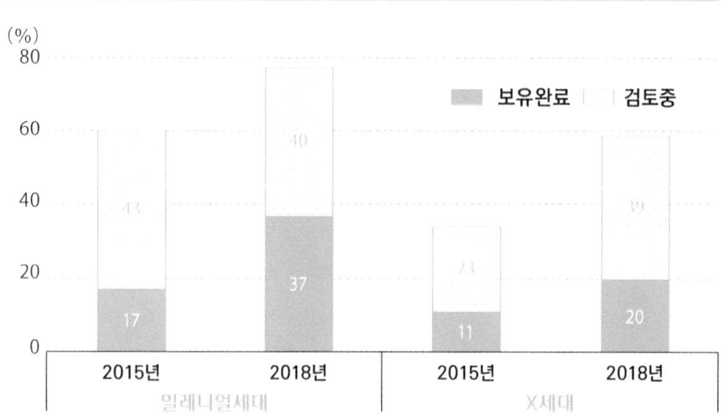

출처 : 일본은행「일은리뷰 – 2019년6월」

핵심 요약	
	☐ MZ 세대는「사회를 좋게 만들고 싶다」는 마음이 강함
	☐ 소비는 물론 투자 측면에서도 MZ 세대는 ESG 선호도가 높음

기업은 소비자가 항상 지켜보고 있음을 인식해야

소비자는 기업의 나쁜 면뿐만 아니라 좋은 면도 보고 있습니다

소비자는 구매하는 상품 · 서비스의 배경에 있는 환경 문제나 인권 문제에 관심을 갖고 있으며 기업에게 솔선하여 환경이나 인권을 지킬 것을 요구하고 있습니다 . 116 페이지에서 소개한 불매 운동은 소비자의 ' 감시의 눈 ' 이 기업의 행동을 시정하고 세계를 보다 나은 방향으로 움직이게 하는 힘이 있음을 보여줍니다 .

국제소비자기구 (CI : Consumers International) 는 8 개의 '소비자 권리' 와 5 개의 '소비자 책임' 을 제창하고 있습니다 . 기업은 이 소비자 권리와 책임에 대해서 진지하게 생각할 필요가 있습니다 . 만약 기업이 「소비자 권리」를 소홀히 한다면 소비자는 「소비자 책임」 에 있는 책임을 다하기 위해 행동할 것입니다 . 특히 최근에는 소비자의 윤리적 의식이 고조되거나 SNS 가 크게 보급되고 있어 불매운동이 국경을 넘어 순식간에 큰 사회적 운동이 되는 사례도 증가하고 있습니다 .

「기업을 감시하고 있다」 고 하면 소비자가 기업에 대해 항상 적대적일 것만 같지만 , 소비자는 기업의 좋은 면 즉 윤리적 행동도 잘 지켜보고 있습니다 . ESG 과제에 대응하는 것은 소비자가 원하는 윤리적 소비에 부응하는 것입니다 . 윤리적 상품 · 서비스에 호의적인 반응을 보이는 많은 소비자를 자기편으로 끌어들이면 기업에는 큰 힘이 될 것입니다 .

실제로 일본 소비자청이 2020 년 2 월 공표한 '「윤리적 소비」 에 관한 소비자의식 조사보고서' 에 따르면 " 윤리적 상품 · 서비스의 제공이 기업 이미지 향상으로 이어질 것으로 생각하는가 ?" 라는 질문에 79.6% 가 "그렇다" 고 대답하였습니다 .

국제소비자기구가 제창하는 「소비자 권리」「소비자 책임」

8가지 「소비자 권리」

(1) 생활의 기본적인 요구가 보장되는 권리
(2) 안전할 권리
(3) 알려질 권리
(4) 선택할 권리
(5) 의견을 반영 받을 권리
(6) 보상 받을 권리
(7) 소비자 교육을 받을 권리
(8) 건전한 환경에서 일하며 생활할 권리

5가지 「소비자 책임」

(1) 상품 및 가격 등의 정보에 의문과 관심을 가질 책임
(2) 공정한 거래가 실현되도록 주장하고 행동할 책임
(3) 자신의 소비행동이 사회(특히 약자)에게 미치는 영향을 자각할 책임
(4) 자신의 소비행동이 환경에 미치는 영향을 자각할 책임
(5) 소비자로서 단결하고 연대할 책임

윤리적 상품·서비스 제공이 기업이미지 향상으로 이어진다고 생각하나요?

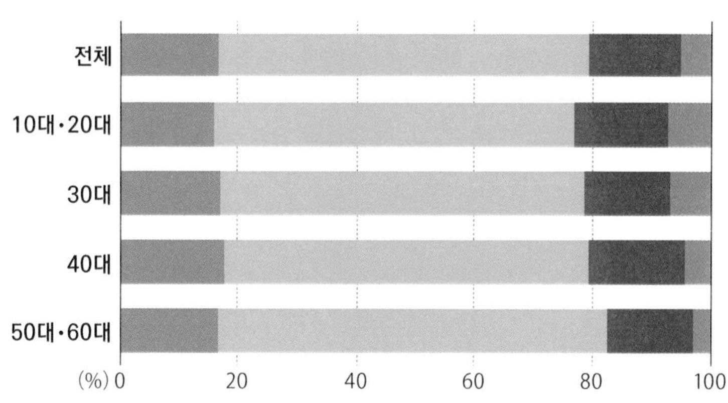

당연히 그렇게 생각한다 / 굳이 말하자면 그렇게 생각한다 / 굳이 말하자면 그렇게 생각하지 않는다 / 당연히 그렇게 생각하지 않는다

출처 : 소비자청 「(윤리적 소비)에 관한 소비자 의식조사 보고서」

핵심 요약

☐ 소비자는 「권리」를 침해당하면 「책임」으로 행동함
☐ 윤리적 상품과 서비스는 기업 이미지 제고에 기여함

「기업인」으로서도 「소비자」의 마음을 잊지 않는 게 중요

소비자로서 싫은 일은 기업인으로서도 하지 않아야 합니다

일하고 있을 때는 무의식 중에 비즈니스를 우선 생각하게 되고, 일로부터 멀어져 소비자의 입장이 되었을 때는 소비자의 입장이 되는 것은 어떤 의미에선 당연한 것입니다. 그러나 한 인간으로서 상황에 맞게 기업인과 소비자를 구분하는 것은 곰곰이 생각할 필요가 있습니다.

예를 들면, 회사의 이익을 위해서 식품 정보(원산지, 원재료, 유통기한 등)를 속여 유통, 판매하고 있는 사람이라도 가족과 함께 먹는 것이 식품이 이와 같다면 마음이 편치 않을 것입니다. 기업인으로서는 식품의 허위 정보를 허용하고 소비자로서는 그것을 용인하지 않는 것처럼 그때그때 태도를 바꾸는 것은 이상한 일입니다.

기업은 지금까지 많은 문제를 일으켜 왔습니다. 아이들을 값싼 임금으로 부려 먹는 기업 담당자도 자신의 자녀가 아동 노동으로 희생되는 것은 반대할 것입니다. 공해 문제를 일으킨 회사 관리자도 자기 가족이 공해때문에 피해를 입는다면 가만히 있지 않을 것입니다. ESG를 필요 이상으로 어렵고 까다롭게 생각할 필요는 없습니다. 기본적으로 다른 사람이 싫어하는 일은 하지 않는다 – 이런 당연한 원칙을 당연하게 실천하는 것이 바로 ESG입니다.

중요한 것은 '기업인'으로서의 입장, '소비자'로서의 입장에서 사물을 바라보는 관점이 어떻게 달라지는지 그 차이를 파악하는 것입니다. 기업인으로서 소비자로부터 지지를 받는 윤리관을 가지고 행동하면 소비자의 지지를 잃을 리스크를 크게 줄일 수 있음은 물론, 더 큰 신뢰와 지지를 얻고 기업의 지속적인 성장을 이어갈 수 있을 것입니다.

ESG에 대해 심플하게 생각해 봅시다

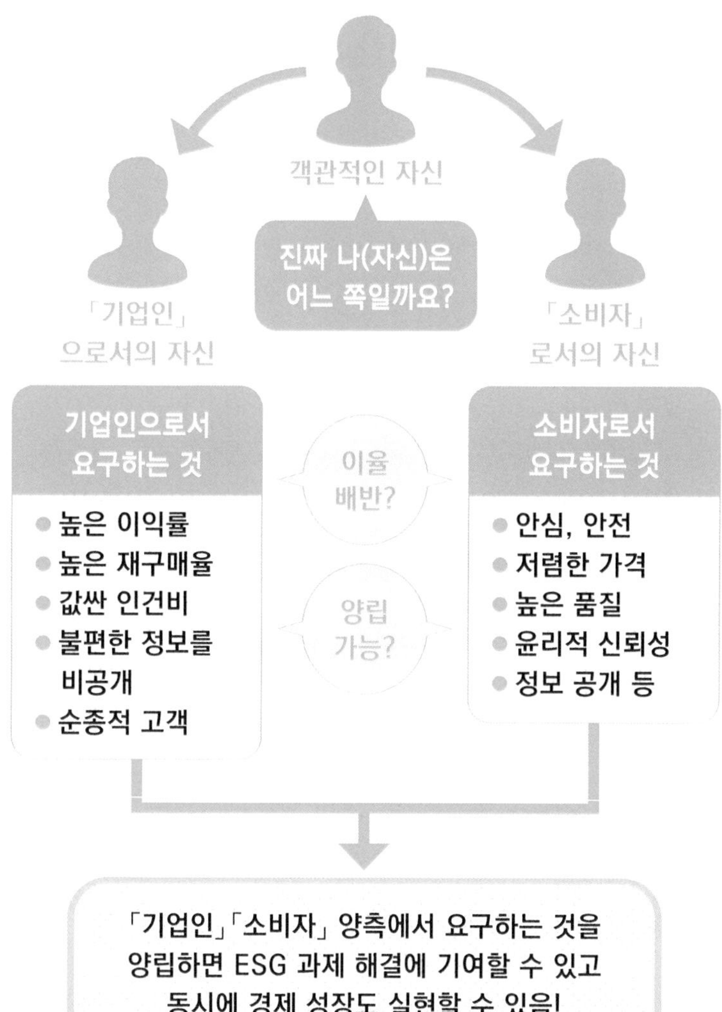

핵심 요약	
	☐ 기업인으로서의 자신과 소비자로서의 자신을 양면에서 생각함
	☐ ESG의 본질은 당연한 일을 당연하게 실천하는 것임

Column

「중국」 인권문제에 대한 세계의 반응

중국 정부에 의한 신장 위구르 자치구의 이슬람교도 위그루족에 대한 탄압 (종교의 자유에 대한 제한 , 강제노동 및 강제불임수술 등) 이슈가 국제사회로부터 강하게 비판받고 있습니다 . 중국 정부는 ' 인권 문제는 없다 ' 라고 부인했지만 2021 년 3 월 미국 , 영국 , 캐나다 , EU 는 인권침해를 이유로 중국에 대한 제재 (인권침해에 관여한 것으로 보이는 인물의 자산 동결 , 도항 금지 등) 를 발동했습니다 . 그 중에서도 미국은 '제노사이드 (집단학살)' 라는 용어까지 사용하며 맹비난하였습니다 .

정부의 움직임에 앞서 인권문제에 열심인 스웨덴 의류품 대기업 H&M 및 미국 스포츠용품 대기업 나이키 등 몇몇 미국과 유럽 기업은 염려를 표명하였는데 , 특히 H&M 은 ' 강제노동이 행해지고 있는 위그루산 면화를 사용하지 않겠다 ' 며 조달하지 않겠다는 방침을 밝혔습니다 .

그러자 중국 소비자들이 거세게 반발하며 H&M 불매운동이 벌어지면서 ESG 를 중시하는 미국 , 유럽 투자자와 주요 시장인 중국의 애국심을 가진 소비자 사이에서 H&M 은 난처하게 되었습니다 .

중국을 주요 시장으로 거래하는 일본 기업 중에서도 자사 제품에 위구르산 면을 사용한 것으로 보이는 유니클로를 운영하는 주식회사 ' 패스트 리테일링 ' 이나 무인양품 , MUJI 등을 운영하는 주식회사 ' 양품계획 ' 도 곤란하게 되었습니다 .

두드러진 점은 대응의 차이입니다 . 일본 정부는 제재에 신중한 자세를 보이고 일본 기업은 애매 모호한 발언들이 많았던 반면 , H&M 처럼 처음부터 입장을 명확하게 보여주는 미국 , 유럽 기업들은 적지 않았습니다 . ESG 관점에서는 인권침해 혐의가 있는 위구르산 면을 사용하면 중국의 인권침해에 가담하고 있다고 봅니다 . 이번 사태를 계기로 인권 대응에서 뒤떨어지는 일본은 인권 감수성을 보다 높일 필요가 있을 것으로 생각됩니다 .

Part 6

일찍부터 움직여야
큰 이득을 기대할 수 있습니다!

중소기업이야말로 ESG는 기회를 가져옵니다

ESG를 하지 않으면 대기업과 거래할 수 없게 된다구요!?

대기업은 거래처에도 「ESG 경영」을 요구합니다

ESG 는 기관투자자 등으로부터 심한 압박을 받는 대기업이 실천해야 하는 것으로만 인식되기 쉽지만 , 중소기업도 무관하지 않습니다 . 한때 나이키는 하청 공장에서 아동 노동이 이루어졌기 때문에 소비자들로부터 불매 운동을 당했습니다 . 나이키가 직접적으로 아동 노동에 관여한 것은 아니지만 나이키 제품의 공급망에서 벌어진 문제여서 나이키가 그 책임을 추궁당했습니다 .

이제는 대기업이 공급망에서 발생하는 리스크를 자사의 문제로 인식하고 있으며 , 원재료의 조달처나 하청업체에 대해서도 ESG 과제에 대한 대응을 요구하며 거래처 (공급업체) 에 대해서도 「행동규범」 을 제시하는 대기업이 증가하고 있습니다 . 오른쪽 페이지는 애플 (Apple) 사의 공급업체 행동규범이지만 ESG 에 관한 폭넓은 사항이 망라되어 있음을 알 수 있습니다 .

만약 거래처의 대기업이 온실가스 배출량 감축을 대외적으로 선언하면 대기업은 자기 일로 여기고 공급망 (supply-chain) 에 있는 중소기업에도 대응을 요구하는 것입니다 . 그 요청에 대응할 수 없는 상태가 지속된다면 대응할 수 있는 회사로 조달처를 바꿀 수 밖에 없게 되는 것입니다 .

앞으로 이러한 움직임은 더 강해지면 강해졌지 약해지지는 않을 것입니다 . 경쟁력이 약한 중소기업에 있어서 성급한 ESG 대응은 자금 조달에 어려움을 줄 수 있지만 , 자금 조달 여력을 확보하면서 ESG 를 적극적으로 경영에 도입해 나가는 것이 좋을 것입니다 . 대응하지 않는 경쟁사 보다 선제적으로 ESG 에 대응할 수 있게 된다면 , 대기업 거래처와의 관계 강화나 새로운 비즈니스 기회로도 이어질 가능성이 높아집니다 .

애플사의 「Apple 공급업체 행동규범」 개요

분야	항목
노동자 권리와 인권	차별 금지 · 괴롭힘 및 부당한 대우 금지 · 강제노동과 인신매매 방지 · 미성년 노동자 보호 · 미성년자 취업 방지 · 제3자 취업소개사업자(의 법령준수) · 학생 종업원 보호 · 노동시간(관리) · 임금 및 복지후생 · 결사 및 단체교섭 자유보장 · 민원/고충신고 시스템 마련
건강과 안전	건강과 안전에 관한 인허가 · 노동안전 위생관리 · 긴급사태에 대한 준비와 대응 · 사고 관리 · 작업 환경을 비롯한 생활 환경 개선 · 건강과 안전에 관한 커뮤니케이션
환경	환경에 관한 인허가와 보고 · 규제 물질 관리 법규, 사양 준수 · 유해폐기물 관리 · 비유해성 폐기물 관리 · 폐수 관리 · 우수(빗물)배출 관리 · 배출가스 관리 · 부지경계소음 관리 · 자원소비량 관리
윤리	원재료의 책임 있는 조달 · 기업의 성실성 · 정보 공시 · 지적재산 보호 · 고발자 보호와 익명에 의한 신청 · 지역사회와의 연결 · C-TPAT (테러 방지를 위한 세관산업계 협력프로그램)
경영관리 시스템	기업정보공개 · 경영관리의 설명책임 및 대응책임 · 리스크 평가와 관리 · 도입계획과 기준을 동반하는 실적 목표 · 감시 및 조사 · 문서 및 기록 · 교육 및 커뮤니케이션 · 시정조치 절차

- 애플은 공급업체(supplier)에게 5개 분야 41개 항목의 행동규범 준수를 요구함
- 2019년에는 49개국 합계 1,142건의 공급업체 조사를 실시함
- 해당 국가의 법령과 애플이 상반되는 경우 보다 높은 기준을 채택, 준수함

출처 : 애플 「Apple 서플라이어 행동 규범 버전 4.6」

핵심 요약

- ☐ 대기업은 공급업체에게 행동규범을 요구하게 됨
- ☐ 행동규범을 준수하지 못하면 거래할 수 없게 될 수 있음

중소기업에 대출하는 은행도 ESG를 보게 됩니다

ESG 를 고려하지 않으면 은행이 대출해 주지 않는 시대로

파리협정이나 SDGs 등을 시작으로 ESG 를 고려한 자금 흐름이 세계적으로 급속히 퍼지고 있습니다 . 국내에서도 기업에 ESG 대응을 촉구하기 위해 수치화된 목표 달성을 기준으로 금리를 낮추는 새로운 융자방식인 「지속가능성 연계대출 (SLL)」 이 확산되고 있습니다 .

온실가스를 배출하는 석탄 화력발전 사업을 위한 대출이 많다고 비판받아온 미쓰비시 UFJ 금융그룹 (MUFG), 미즈호 금융그룹 (MHFG), 미쓰이스미토모 금융그룹 (SMFG) 등 일본 3 대 메가뱅크는 이미 이 분야에 대한 신규 투자와 대출을 원칙적으로 중단할 방침을 세웠습니다 . 금융기관도 빠르게 ESG 를 중시하는 투자와 융자로 전환하고 있는 것입니다 .

이러한 움직임은 메가뱅크에 그치지 않습니다 . ESG 지역 금융에 주력하는 시가현 시가은행은 온실가스 배출 실질적 제로 실현과 지방 기업의 기업가치 향상을 동시에 목표로 하는 융자상품으로 , 일본 지방은행으로는 최초로 SLL 을 상품화 했습니다 . 구체적으로는 외부평가기관 등의 데이터를 활용해 온실가스 감축 목표 등 지속가능성 성과목표 (SPTs) 를 설정하고 이를 얼마만큼 달성하느냐에 따라 금리 우대 등을 부여하는 구조입니다 .

이와 같이 금융기관의 대출에서도 ESG 과제 해결을 지원하는 경향이 강해지고 있어 , 향후 투자 및 대출 사업의 큰 축이 될 것으로 보입니다 . ESG 를 대상으로 하는 사업활동을 실시함으로써 과거보다 자금 조달이 유리해지는 한편 , 중소기업이라 해도 ESG 를 무시하면 대출받기 어려운 시대가 되었다는 것입니다 .

지속가능성 연계대출(SLL)의 구조

지속가능성 성과목표 (SPTs)의 사례

범주	사례
에너지 효율	임차인이 소유 혹은 리스하는 건축물 및/또는 기기의 에너지 효율의 평가 개선
온실가스 배출량	임차인이 제조 혹은 판매하고 있는 제품 혹은 생산 또는 제조 사이클에 관한 온실가스 감축
재생가능에너지	임차인이 생성 또는 사용하는 재생가능 에너지 양의 증가
물 소비	임차인이 하는 물절약
적정가격의 주거	임차인이 개발하는 적당한 가격의 주택 수 증가
지속가능한 조달	검증 완료된 지속가능한 원재료/저장품의 이용 증가
순환경제	리사이클율 상승, 혹은 리사이클 원재료/저장품의 이용 증가
지속가능한 농업 및 식재료	지속가능한 상품 및/또는 질이 높은 상품(적절한 라벨 및 인증을 사용)의 조달, 생산의 개선
생물다양성	생물다양성의 보호와 보존 개선
글로벌 ESG 평가	임차인의 ESG 등급 평가 개선 및/또는 공인 ESG 인증, 평가 달성

출처 : LMA, APLMA, LSTA (2019)「지속가능성·링크·론 원칙 (일본 환경성 번역)」

핵심 요약	☐ 금융기관은 기업의 ESG를 지원하는 상품을 늘리고 있음 ☐ ESG 활동은 금융기관의 대출 조건 우대로 이어짐

중소기업도 무엇을 할 수 있을지 「공격」과 「수비」 관점에서 생각

ESG 에는 「공격」과 「수비」의 양면이 있습니다

"ESG 경영을 생각하면 무엇부터 손을 대야 할지 모르겠습니다." 대부분의 중소기업은 이러한 생각에 멈춰서 있기 쉽습니다. "ESG 는 비용" 이 아닌 "미래에 대한 선행 투자" 로 이해하여 중장기적 관점으로 사업에 대해 평가해 보고자 합니다.

이미 영위하고 있는 현재 사업이 ESG 의 흐름으로 이어지는 일은 적지 않습니다. 예를 들어 회사가 누수를 방지하는 벨브 제조를 본업으로 삼고 있다면, 그 본업 자체가 이미 물 사용 양의 절약으로 이어지고 있습니다. 그걸 ESG 와 연결해 영업하면 사업 기회 확대에 도움을 주는데 이는 ESG 의 "공격" 측면이 될 것입니다.

그러나 중소기업 중에는 자사 사업과 ESG 의 접점을 찾을 수 없는 경우 역시 적지 않습니다. 그 접점을 찾지 못하면 남몰래 숨어서 ESG 경영을 하는 것과 같습니다. 숨어서 '선행' 을 행하는 것은 일본적인 관점에서는 미덕일지 몰라도, 보다 중요한 것은 ESG 과제 해결로 이어지는 사업 활동을 적극적으로 외부에 알리고 새로운 사업 기회와 연결하는 것입니다. 그러기 위해 이것을 기회로 당사의 사업과 ESG 의 연결고리를 재검토해 보면 좋을 것입니다.

한편, 사내 갑질이 있거나 법규를 위반하고 있는 것이 외부에 알려지면 회사 실적에도 악영향을 미칠 정도로 크게 회사의 평판을 떨어뜨릴 수 있습니다. 그렇게 되지 않기 위해서 ESG 의 "수비" 측면에 대해서도 고려하는 것도 중요합니다. (ESG 실천을 야구와 축구 같은 스포츠에 비유해 생각해봐도 공격, 수비 모두가 중요하다는 것은 쉽게 알 수있습니다.)

ESG 에 적합한 경영은 사업 기회를 늘리는 "공격" 측면과 리스크를 줄이는 "수비" 측면이 있는 것입니다.

「공격의 ESG」와 「수비의 ESG」 관점이란?

공격의 ESG (사업기회 확대)	수비의 ESG (사업리스크 감소)
• 사회 과제 해결형의 상품 및 서비스 제공	• 온실가스(GHG) 배출 감축
• 환경에 대한 임팩트를 가시화한 상품 개발	• 책임 있는 조달 확보
• 사업을 통한 지역 사회에 대한 공헌	• 환경·보건·안전, 여성이 일하기 좋은 노동 환경
• 야심찬 목표 설정 등..	• 프라이버시 보호 등..

사업 기회 확대로 이어지는 「공격」의 ESG에는 무엇이 있을까?

사업 리스크 감소로 이어지는 「수비」의 ESG에는 무엇이 있을까?

폭넓게 바라본다면, 할 수 있는 일은 반드시 있다!
「공격」만 또는 「수비」만으로는 안된다!

지속적인 경제성장

핵심 요약	☐ 기업에서 '공격'의 ESG 경영은 사업기회 확대로 이어짐 ☐ 기업에서 '수비'의 ESG 경영은 리스크 감소로 이어짐

「백캐스팅」, 「아웃사이드인」 으로 생각해봅시다

ESG 를 마주하기 위하여 필요한 두 가지 중요한 사고방식

중소기업이라도 ESG 경영에 무관심할 수 없게 되었습니다 . ESG 활동을 실제로 실행하는데 있어 중요한 4 가지 포인트는 다음 페이지부터 언급하겠지만 , 그 전에 ESG 를 바라보는 인식을 바꿀 필요가 있을지도 모릅니다 .

그 중 하나는 야심찬 목표를 내걸며 , 미래에 갖추어야 할 모습에서 지금 해야 할 일을 역산하여 생각하고 행동하는 「백캐스팅 (backcasting)」 이라는 사고방식입니다 . 많은 기업이 지금 할 수 있는 일의 연장선상의 결과를 목표하는 「포캐스팅 (forecasting)」 으로 사고합니다 . 이래서는 아무래도 종래의 사고방식에서 벗어날 수 없습니다 . 그러나 백캐스팅 발상을 이용하면 기존 방법이 아닌 새로운 해결책이 필요해지기 때문에 창조적 파괴가 일어날 가능성이 높습니다 .

그리고 또 하나의 사고방식이 「아웃사이드인」 입니다 . 대다수의 기업은 자사의 시선 (인사이드아웃) 으로 생각하거나 또는 시장 , 고객 요구에 따라서 제품 · 서비스 개발을 고려하는 「마켓인 (market in)」 을 통해 사고합니다 . 그러나 사회 · 환경 문제를 고려할 때에는 그 해결을 최우선으로 생각하고 그러기 위해서 자신들이 무엇을 해야 할지를 생각하고 행동하는 「아웃사이드인」 사고 방식이 요구됩니다 . 극단적으로 말하자면 , 소비자가 아직 원하지 않아도 154 페이지에서 소개하고 있는 'ZARA' 로 잘 알려진 스페인 의류업체 인디텍스 (Inditex) 처럼 사회적 니즈로 생각되는 경제 · 사회 문제 해결부터 먼저 생각하는 것입니다 .

자사 입장에서 출발해 생각하는 것이 잘못은 아니지만 , 「아웃사이드 인」 관점을 가지지 않으면 볼 수 없는 상황이 있다는 것을 유념해야 할 것입니다 .

「백캐스팅」과 「포캐스팅」

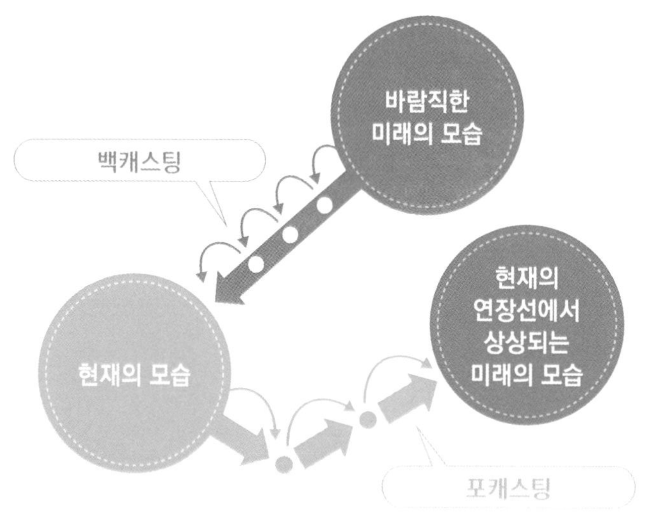

「아웃사이드인」과 「인사이드아웃」

아웃사이드·인

자신의 "외부에 있는 문제·과제"를 출발점으로 해결 방법을 모색하는 접근법. 문제·과제에 대해 어떻게 하면 해결할 수 있을지를 생각하면서, 현황과 해결까지의 격차를 채워나감. 문제·과제가 해결된 미래시점에서 생각하여 현재를 보는 접근법.

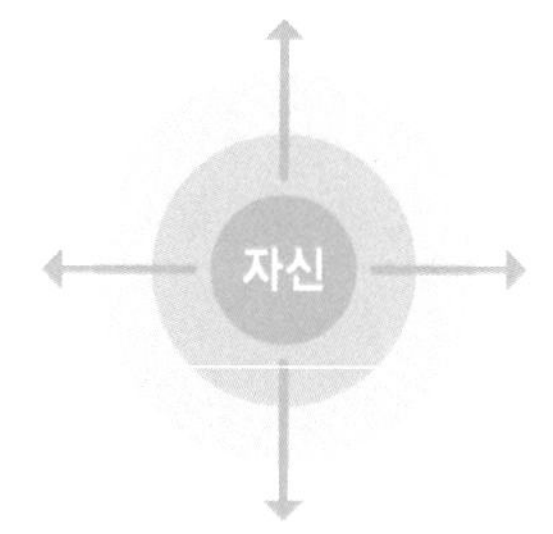

인사이드·아웃

문제·과제의 해결을 생각할 때, "자신을 개선하지 않고서는 자신의 외부에 있는 문제 ·과제를 해결할 수 없다"라고 자신을 출발점으로 생각함. 현재의 연장선 위에서 미래를 생각하는 접근법.

핵심 요약

- ☐ 기업은 야심적인 목표를 내걸고 "백캐스팅"을 활용해야 함
- ☐ "아웃사이드 인"으로 환경·사회문제의 해결을 생각해야 함

ESG 포인트 ① 경영진이 적극적으로 관여

경영진의 참여 없이는 ESG 경영은 성공할 수 없습니다

기업은 여러 이해관계자로부터 ESG 에 대한 진정성을 평가받고 있습니다. 열의 있는 ESG 경영을 하는 기업으로 변하기 위해서는 최고경영진의 적극적인 참여가 중요합니다.

가령 사내에 환경 · 사회 과제를 해결할 수 있는 뛰어난 사업 아이디어가 있어도 경영진의 동의 없이는 사업을 진행할 수 없을 뿐만 아니라, 지배구조에 관한 비판이 있어도 경영진이 이를 받아들일 자세가 되어 있지 않다면 통제 가능한 조직이 될 수 없습니다.

어느 시대나 기업 경영자에게는 '가능성이 있는 새로운 도전인가 아닌가를 판단하는 안목', '장기적인 관점에서 비즈니스를 생각하는 시야', '새로운 사업을 이끄는 리더십'이 요구되어 왔지만, 구 자본주의에서 신 자본주의로의 이행기에 놓인 중소기업의 경영진에게는 특히 이러한 리더십과 역량이 요구된다고 할 수 있습니다.

중소기업이야말로 리더십을 발휘하기 쉽기 때문에 '가까운 시일내에 실시하겠다'고 생각한다면 '지금 당장 실시 해야겠다'라고 의식을 전환하고, 경영진이 솔선수범해서 ESG 실천에 앞장서야 합니다. 그렇지 않으면 거래처의 공급망에서 배제되는 등 가까운 미래에 회사의 존망에 직결되는 상황을 맞이하게 될지 모릅니다. 만약 최고경영진의 생각이 구 자본주의에 머물러 있다면 이들에게 하루 빨리 ESG 의 중요성을 호소해야 할 것입니다.

실행력이 뒤따르지 않으면 그림의 떡이 되어 버리기 때문에 ESG 과제 해결을 PDCA(계획 · 실행 · 검토 · 개선)로 실행하는 부서나 인원을 적절히 배치하고, 최고경영자와 이사회에 의한 감독 체제하에서 ESG 과제 해결을 실행할 수 있는 조직으로 개편할 필요가 있습니다.

ESG 대응 실무체계를 수립할 때의 포인트

① 경영진의 참여	② ESG 대응 조직 만들기
경영자가 책임을 갖고 참여하는 것이 중요함. ESG 과제에 대한 책임 소재의 명확화, 경영자에 대한 정보 공개 프로세스, ESG 과제 현상 파악 방법 등에 대한 정보를 대외에 공시함으로써 회사 내부에도 긴장감을 조성	기존의 경영 체제를 기반으로, ESG에 대응할 수 있는 조직 구축을 고려함. 의사결정기관인 이사회에 사외이사를 포함하여 자사의 ESG 과제에 대해 인식한 후에 사업계획에 ESG를 포함하여, 과제 해결 실행을 위한 조직을 구성

ESG 과제 해결을 실천할 수 있는 기업경영 구조의 예시

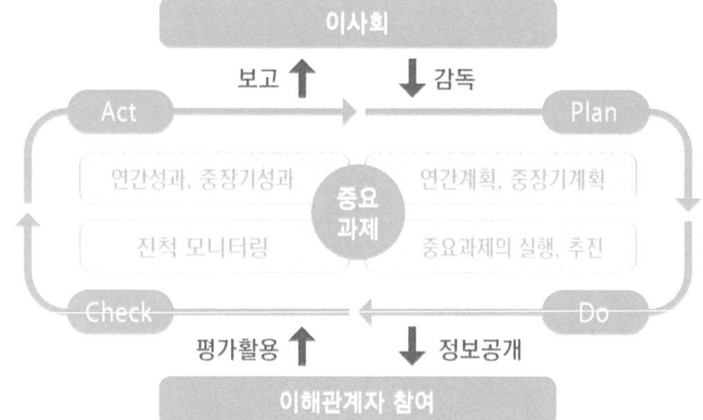

해결해야 할 ESG 중대성 과제를 PCDA 사이클을 활용해 목표 달성을 위한 매니지먼트 구조로 확립한 사례. 공개한 정보에 대한 이해관계자 평가를 활용하면서, 중요 과제 해결을 지속적으로 진행하는 한편, 이사회는 담당부서로부터 보고를 받아 ESG 대응의 진척 상황을 감시·감독하고 있음.

출처: 출처: ESG 정보개시 실천 핸드북, 일본거래소그룹(JPX)

핵심 요약	☐ 경영진이 ESG를 이해하지 못한다면 ESG 실현은 불가능 ☐ 필요에 따라서는 ESG 경영에 대응하는 조직을 마련해야 함

ESG 포인트 ② 명확한 중요 과제 (Materiality)를 설정

중요 과제가 결정되지 않으면 행동을 일으키기 어렵습니다

ESG 라고 한 단어로 말해도 그 범위는 매우 넓기 때문에 회사에 있어서 ESG 항목 중 무엇이 중요 과제인지 특정할 필요가 있습니다. 만약에 중요 과제가 불분명하다면 ESG 활동을 진행하려고 해도 먼저 무엇을 해야 할지 확실하지 않기 때문에 구체적인 성과로 이어지지 않게 됩니다.

머티리얼리티(Materiality, 중대성/중요성 또는 중요 과제로 통용) 평가 및 이슈 도출 프로세스는 각 기업이 홈페이지 등에서 공개하고 있는데 여기에서는 생활용품 대기업 카오(花王)를 예로 들어, 다음과 같이 4 단계로 설명하겠습니다.

단계 ① 후보주제 선정 … 각종 가이드라인(예: SASB 스탠다드, GRI 스탠다드 등)이나 SDGs, 이해관계자와의 대화, ESG 평가기관의 평가 항목 등을 참고로 후보 테마를 선정합니다.

단계 ② 우선순위 평가 … 단계 ①에서 리스트업 한 후보 테마를 통해 당사의 사업 성장 및 기업가치 향상의 중요도를 사외의 이해관계자나 사내 임직원에게 평가를 받은 후 그 결과를 바탕으로 '이해관계자에게 있어서의 중요도'와 '회사에 있어서의 중요도'의 2 개 축으로 매트릭스를 만들고, 이 평가 결과와 제 3 자 견해를 기반으로 최종 심의하여 중요 과제를 결정합니다.

단계 ③ 승인 … 이사회에서 승인 후 중요 과제를 각 부문의 목표나 사업계획에 포함합니다.

단계 ④ 리뷰 … 중요 과제에 대해 정기적으로 검토하며 외부전문가의 의견을 수용하면서 필요에 따라서는 단계 ①~③에서 중요 과제를 재검토합니다.

중대성 평가와 이슈 도출을 위한 4가지 단계

① 후보 주제 선정

- 후보 주제 리스트업
- 관련부서, (사외)이해관계자로부터 청취

④ 리뷰

선정한 중요 과제를 정기적으로 리뷰하고, 필요에 따라서는 단계 ①~③의 프로세스를 반복함.

② 우선순위 평가

리스트업한 후보 테마에 대해 자사의 사업 성장, 기업가치 향상 관련 중요도를 사외 이해관계자 및 임직원이 평가. 중대성(Materiality) 매트릭스에 표시함.

③ 승인

선정한 중요 과제를 이사회가 승인 함. 이것을 기반으로 각 부문은 각각의 목표 및 활동 계획을 수립하여, ESG 활동을 실행으로 옮김.

중대성 매트릭스 사례 (기업)

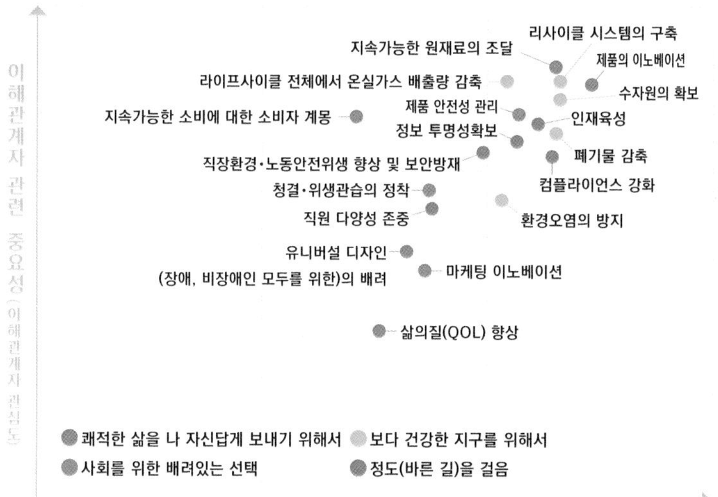

출처 : 카오 "카오 지속가능성 데이터 북 Kirei Lifestyle Plan Progress Report 2020"에서 인용

핵심 요약	☐ 사내외 의견을 듣고 중대성 과제를 좁혀나가는 것이 중요 ☐ 중대성(Materiality) 이슈를 필요에 따라 변경하는 유연성도 필요

ESG 포인트 ③ ESG의 관점을 담은 경영 목표를 세워 실행

3 가지 단계를 목표를 설정하고 실행합니다

중요 과제를 특정하는 것만으로는 의미가 없기에 구체적인 목표를 설정하고 그것을 향해 실행해 나가야 합니다 . 아래 절차에 따라 목표를 설정하고 행동에 옮기면 될 것입니다 .

① 목표 범위를 설정하고 KPI(중요실적평가지표) 를 선택합니다

각각의 중요 과제에 대한 영향을 알기 쉽게 측정한 KPI(주요실적평가지표) 를 몇 가지 선택합니다 . 온실가스 배출량이나 자원 사용량 등 환경 관련 목표뿐만 아니라 사회적인 목표 설정도 요구됩니다 . 또한 앞으로 대내외에 정보를 공개할 것이므로 , 사내에서만 통용되는 지표가 아닌 누가 봐도 알 수 있는 일반적인 지표로 KPI 를 설정해야 합니다 .

② 베이스라인을 설정하고 야심찬 목표를 세웁니다

“여성임원 수를 2020 년 말 (베이스라인) 과 비교하여 2025 년 말까지 40% 증가시킨다” 와 같은 베이스라인을 설정하고 목표를 세웁니다 . 이 때 목표를 야심차게 설정하는 것이 중요합니다 . 달성하기 어려운 목표가 창조성 및 이노베이션을 더 크게 일으키고 , 더욱 큰 성과를 올릴 가능성이 높기 때문입니다 .

③ 목표를 공표하고 실행에 옮깁니다

목표가 정해지면 ESG 과제 해결을 위해서 행동을 하기에 앞서 목표를 대내외에 공표하는 것이 포인트입니다 . 그것을 통해 사내에 긴장감을 조성하고 목표 달성 의식을 높이는 효과를 기대할 수 있으며 , (사외) 이해관계자도 진척 상황을 확인하기 쉽고 , 평가도 쉬워지기 때문입니다 .

머티리얼리티(중요 과제)와 KPI (기업 사례)

중요과제	주제	대상조직	KPI
환경	기후변화	그룹 전체	2030년까지 Scope 1,2 에 이어 CO_2 배출량을 30% 감축 (2015년 대비)
	지속가능한 원료 조달	아사히 그룹 식품	RSPO인증 팜유 구입 비율을 2020년에는 5%, 2021년에는 25%까지 달성 (Book & Claim 인증 방식)
	지속가능한 수자원	그룹 전체	2030년까지 물 사용량 적정화와 재활용 시스템 확대 등을 통해 물 사용량 원단위를 3.2㎥/kl 이하로 유지함
	순환형 사회 구축	국내사업장	부산물, 폐기물의 재자원화 비율 100% 지속
사람	인권존중	아사히 그룹 홀딩스	2020년 공급업체 대상 인권 DD(Due Deligence) 프로세스를 개시
	다양성 Diversity	아사히 그룹 홀딩스	국내 사업장에서 인권·LGBT에 관한 e러닝 교육 참가율을 90% 이상 달성
	노동안전 위생	국내사업장	2023년까지 특정 건강진단 수진율 98%를 달성
지역사회	사람과 사람의 연결 창출	아사히 음료	14개 사업장에 지역과제 해결로 이어지는 자율 사업을 실시
	지속가능한 공급망 실현	아사히 그룹 홀딩스	공급업체 CSR 설문조사 회답률을 90% 이상까지 달성
건강	음식 안전·안심	그룹 전체	품질사고 제로를 실현
	건강 가치 창출	아사히 그룹 식품	「영양상담활동」의 참가인원 10 만명을 달성
책임있는 음주	부적절 음주 근절	그룹 전체	2024년까지 모든 알코올 음료 브랜드 (해당 브랜드에서 판매되는 무알코올 음료 포함) 제품에 음주 연령 제한에 관한 표시

출처: 아사히 그룹 홀딩 홈페이지 (발췌)

핵심 요약	☐ 야심적인 목표를 내걸어 더욱 큰 ESG 성과를 지향함 ☐ ESG 목표를 공표하여 목표 달성을 위한 힘을 모으는게 중요

ESG 포인트 ④ 조직 내부에 ESG 의식을 심어야

꾸준한 노력 없이는 ESG 의식을 사내에 심기 어렵습니다

ESG 경영을 실시하는 데 있어 경영층에 의한 톱다운 형태의 추진은 중요하지만 , 실제로 실무를 수행하는 직원들이 경영층의 의도를 이해하지 못하거나 이를 거추장스럽게 느낀다면 ESG 경영은 더이상 진전할 수 없습니다 . 이전부터 ESG 활동을 하려고 하는 기업에 있어 직원들에게 그 의미를 인식시키고 내재화하는 것은 중요합니다 .

하지만 ESG 의 의미를 사내에 내재화시키는 것은 말처럼 그렇게 간단하지 않습니다 . 원래 중소기업은 시간도 자금도 대기업 처럼 여유롭지 않기때문에 어려운 문제라고 생각하기 더 쉬울 것이고 사내에 구 자본주의적인 발상을 가진 구성원이 많으면 더욱 힘들 것입니다 .

안타깝게도 ESG 의식을 내재화하는데 특효약은 없습니다 . 궁극적으로는 ESG 의 의미를 자기 자신의 일로 생각할 수 있게 될 때까지 「반복적으로 되새김」 하는 노력을 번거롭더라도 포기하지 않고 계속하는 것입니다 .

오른쪽 페이지에는 자동차 부품 기업 아이신 (AISIN) 의 사례를 소개하고 있습니다 . 아이신은 ESG 의 이해도를 높이기 위해 지속가능발전목표 (SDGs) 등과 연결시켜 , 직급별 연수회나 스터디 모임을 실시하거나 사보나 포스터를 통해 인식 제고활동을 하고 있습니다 . 이런 활동들은 아주 특별한 것은 아니지만 아이신은 꾸준히 지속적으로 하고 있는 것입니다 .

관점에 따라서는 종업원이 적은 중소기업 쪽이 오히려 회사 내에 ESG 인식을 내재화시키는 것이 더 쉬울 수 있습니다 . 처음에는 무엇을 해야 할지 갈피를 잡지 못 할 수도 있지만 , 다른 회사의 ESG 의식 내재화 사례를 참고로 하면서 회사의 조직문화에 맞는 고민을 하고 , 사내에 ESG 인식을 높일 수 있으면 향후 ESG 활동은 가속화되고 밝은 미래로 이어지는 큰 힘이 될 것입니다 .

ESG를 기업문화로 내재화 (기업 사례)

① 그룹 사보에서 SDGs, ESG 특집

종업원 계몽 활동으로 국제 사회 움직임, 그룹이 지향하는 모습과 우선 과제의 구체적인 실시내용을 이해하기 쉽게 해설하여 전세계의 종업원에게 다언어로 전달

② 사내 인트라넷에 SDGs·에너지 활동 내용을 연재

전직원이 참가한 상태에서 SDGs에 매진하기 위해서, 그룹의 SDGs의 대응, 그룹과 에너지의 연관성 등 다양한 각도에서 활동 내용을 연재

③ 사업장을 위한 SDGs 계몽 포스터 게시

공장종업원이 SDGs의 기본사항을 이해하고 자신의 업무, 자기자신과 SDGs 연관성을 깨닫도록 포스터를 만들어 공장에 게시

④ SDGs·ESG 기초 교육의 실시

그룹 전체로서 SDGs, ESG 기초교육의 강화를 계획하고, 빠르게 이해를 높이기 위해, 국내외 임직원 대상 교육을 실시

- SDGs·ESG e러닝 교육 실시
- 음성가이드 포함 SDGs·ESG 기초 교육 자료 배포

⑤ 직급별 SDGs·ESG 연수·스터디모임 실시

그룹이 SDGs, ESG의 활동 상황을 깊이 이해하기 위해, 계층별 연수회, 연구 모임을 실시

《임원 대상》
- SDGs·ESG 경영강연회
- TCFD(페이지98) 강연회
- 통합 보고 연구회
- 신임임원 연수

《핵심 담당자 대상》
- SDGs·ESG 강연회
- SDGs 체험형 연수
- 통합 보고 연구회

《일반 종업원 대상》
- 신입사원연수
- 기술사원용 CASE(※)/SDGs 강연회
- 영업사원용 CASE/SDGs 연구회
- 희망직군 대상 SDGs 연구회

⑥ 자신의 업무와 SDGs 연결 짓기

2030년까지 목표의 달성을 향한 노력을 가속시키기 위해, 자신의 업무와 SDGs와의 연관을 지어, SDGs의 달성을 향해 실시한 것을 인사 커뮤니케이션 툴에 기입함으로써, 종원원 1인1인에 의한 SDGs의 "자기 책임화"를 촉진

※ CASE … 자율주행이나 공유자동차 등 차세대 모빌리티 서비스

출처: 아이신 홈페이지

핵심 요약	☐ ESG 실천 의지와 인식을 사내에 심기위한 특효약은 없음 ☐ 결국은 임직원에게 꾸준히 설명하는 것이 가장 빠른 길임

Column

경제성장을 견인, 아시아가 주목하는 「ESG」

아시아는 21 세기 경제성장을 이끌 지역으로 세계로부터 주목 받고 있습니다. 아시아 여러 국가들도 코로나 19 로 막대한 경제적 타격을 입었지만, 국제통화기금 (IMF) 의 전망에 따르면 2021 년 아시아 신흥국의 경제성장률은 전년도의 -1.1% 에서 +8.3% 로 급속히 회복될 전망이라고 합니다. 이것은 미국 +5.1% 나 유럽 +4.2%, 일본 +3.1%, 세계 평균 +5.5% 를 크게 웃도는 수치입니다.

백신 접종이 빠르게 진행되어 감염병 대유행 추세가 진정된다면, 세계의 생산 거점이라고 할 수 있는 아시아 신흥국의 경제활동은 활발해질 것입니다. 경제 성장에 따라 중산층이 증가하고 있어 대규모 소비자 시장으로서 아시아의 존재감은 앞으로 더욱 커질 것입니다.

그러한 아시아 신흥국들의 지속적인 경제성장을 실현하기 위한 주된 포인트로 여겨지는 것이 '적극적인 ESG 활동' 입니다. 경제 활동이 본격적으로 활발해지면 에너지수요와 자원소비량이 다시 늘어날 것은 틀림없습니다. 여전히 남아시아를 중심으로 강제 노동이나 아동 노동 등 현대 노예제의 피해자가 많은 것도 우려되는 점입니다. 또한 2021 년 2 월 미얀마에서 발생한 군부 쿠데타를 시작으로 인권 문제 등도 발생하고 있습니다.

세계의 투자자들과 소비자들은 ESG 를 점점 더 까다롭게 바라보고 있습니다. 경제 성장에 따른 환경 파괴나 인권 침해 등 문제가 심각해진 국가들도 있습니다. 세계의 투자자와 소비자들로부터 ESG 관점에서 문제가 있다고 간주되면 미국, 유럽에서 투자는 중단되거나 회수되고, 생산품들도 소비자들로부터 외면당할 것입니다. 아시아 여러 국가에서도 ESG 에 대한 인식은 높아지고 있으나, 앞으로는 산적한 문제를 해결하고 있다는 것을 더욱 구체적인 형태로 전 세계에 보여달라고 강하게 요구받게 될 것입니다.

Part 7

선진 실천사례에서
ESG를 배우다!

ESG 경영을 실천하는 대기업의 전략을 살펴봅시다

사례 ① 서구 주도의 룰을 바꾸게 한「다이킨 공업」

프레온 가스의 국제 규격을 유리하도록 개정하였습니다

공조 , 냉매의 세계적인 제조사로 알려진 다이킨 공업은 해외 사업비율 77% 가 보여주듯이 사업을 전 세계에 확장함으로써 성장해 왔습니다 . 회사는 전략적으로 국제 규격 , 표준 개정에 적극 관여함으로써 자사의 글로벌 성장을 유리하게 진행하여 사업 확대에 성공한 것으로 알려져 있습니다 .

다이킨 공업의 주력 상품인 에어컨 냉매제로는 일찍이 프레온이 사용되어 왔습니다 . 그런데 1970 년대에 프레온이 오존층 파괴의 원인이라는 것이 알려지면서 당시 사용되고 있던 '특정 프레온' 의 전부 폐지가 세계적 여론이 되었습니다 . 1987 년에 채택된 몬트리올의정서에 잠재 폐지를 포함되어 ' 대체 프레온 ' 으로의 이행이 계획되었습니다 . 그러나 대체 프레온도 온실효과가 높다고 판명되어 1997 년 채택된 교토의정서에는 그마저도 감축하는 것으로 방향이 잡혔습니다 .

다이킨 공업은 오존을 파괴하지 않으면서도 온실효과도 비교적 낮은 'R32' 라는 냉매를 개발하고 있었습니다 . 그러나 당시 국제규격 ISO 817 에는 'R32' 가 감축 대상인 '대체 프레온' 으로 분류된 것이었습니다 . 그래서 국제규격 마련을 주도하고 있던 미국 , 유럽 각국 정부 등에 적극적으로 로비 활동을 하여 ISO 817 에 새로운 카테고리를 만듦으로써 'R32' 를 삭감 대상에서 제외하도록 촉구했습니다 . 오랜 교섭 끝에 다이킨 공업의 주장대로 ISO 817 카테고리 구분은 수정되어 현재는 R32 가 냉매로서 널리 보급되고 있습니다 . 하지만 기준 , 규칙은 한번 정해지면 끝이 아닙니다 . 현재 R32 역시 온실효과를 이유로 감축 검토가 국제적으로 예정되어 있어 다이킨 공업은 새로운 도전에 직면해 있습니다 . ESG 경영 관점에서도 기업은 국제적 논의 , 동향 등을 항상 예의주시하고 적극적으로 참여해야 하겠습니다 .

다이킨 공업이 개정에 성공한 ISO 817과 실적 추이

기업개요

회사명 : 다이킨 공업
매출액 (2020년9월현재) : 24조9,340억원
본사 : 오사카
사업내용 : 공조·냉동기, 화학, 유기 및 특수제품의 제조, 판매

다이킨공업이 실현한 ISO 817 개정

《이전 카테고리》

	A 저독성	B 고독성
고가연	3	3
가연	2	2
불연	1	1

《실현한 새로운 카테고리》

	A 저독성	B 고독성
고가연	3	3
가연	2	2
미연	2L	2L
불연	1	1

이 카테고리를 신설하는 데 성공해 「R32」를 사용할 수 있게 되었다!

※ 숫자는 연소성의 카테고리를 보여주고 있다. 출처 : 일본 경제산업성 '국제 표준화 동향과 규칙 형성 전략에 대하여

다이킨공업의 매출액과 영업이익 추이

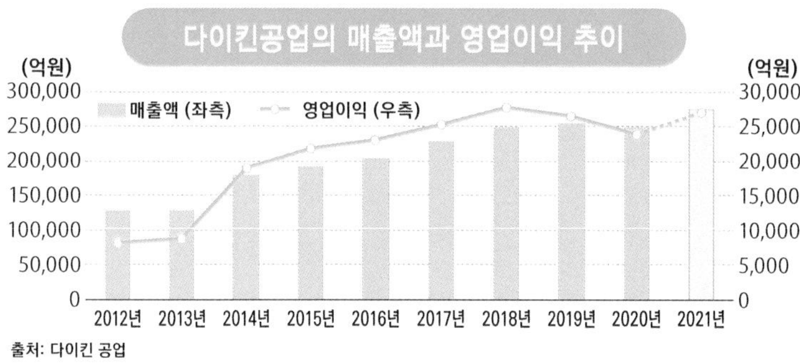

출처: 다이킨 공업

다이킨 공업은 미국, 유럽에서 자사에 유리한 카테고리를 신설하여 허용하게 한 후 회사 성장으로 연결했음!

핵심 요약

- □ 룰을 바꿈으로써 '자사의 이익'과 '환경보호'를 양립함
- □ 국내 기업들은 국제규격 개정이라는 의식이 아직도 낮음

사례 ② 국제 규격에 부합하는 바이오 연료를 개발한「유글레나」

국제규격에 적합한 제품이 아니면 세계와 경쟁할 수 없습니다

항공기는 철도, 선박 보다도 같은 수송량 대비 온실가스 배출량이 많아 항공업계는 세계 전체 온실가스 배출량의 약 2% (그 중 국제 항공이 1.3%) 를 차지하고 있습니다. 코로나 19 대유행이 꺾이면서 특히 국제항공은 원래의 배출량으로 점차 증가할 것으로 보여지고 있어, 탈탄소사회를 목표로 하는 가운데 배출량 감축은 항공업계의 어려운 과제가 되고 있습니다.

지금까지 국제민간항공기구 (ICAO) 주도 아래 배출량 삭감을 목표로 하는 국제 규정이 마련되어 왔습니다. 그 중 하나가 2021 년부터 운영이 시작된 CORSIA(Carbon Offsetting and Reduction Scheme for International Aviation) 입니다. CORSIA 는 그 이름대로 각 항공회사가 온실가스 배출량 증가분을 배출권 구입으로 상쇄하는 오프셋의 의무화와 배출량이 적은「바이오제트 연료」를 감축 대책의 중심에 두고 있습니다.

2021 년 3 월 일본 동경대학의 벤처기업인 유글레나는 연두벌레를 원료로 바이오제트 연료를 만들었고, 실증 플랜트 (기술 실용성을 실제와 유사한 조건에서 시험하기 위한 시설) 에서의 도입 기술이 국제 규격인 ASTM (미국 재료시험협회) 인증을 취득했습니다. '일본을 바이오 연료 선진국으로' 라는 슬로건 아래 바이오제트 연료의 연구개발에 착실하게 주력해온 것이 결실을 맺기 시작하고 있으며, 2021 년 6 월 일본산 최초의 바이오제트 연료에 의한 유상 비행이 성공했습니다.

ESG 경영의 중대성 과제로「환경 부담의 경감」「지속 가능한 상품의 실현」을 내세우며 장기적 관점에서 시대 요구에 부합하는 상품을 개발해 왔기에 가까운 미래에 기회를 잡게 될 것으로 생각됩니다.

바이오제트 연료의 구조와 유글레나의 중요 과제

기업개요

회사명 : 유글레나
매출액 (2020년9월현재) : 1,331억7,000만원
본사 : 도쿄 미나토구
사업내용 : 유글레나 등 미세조류의 바이오연료 기술 개발 등

바이오제트 연료는 왜 환경에 대한 부담이 낮은가?

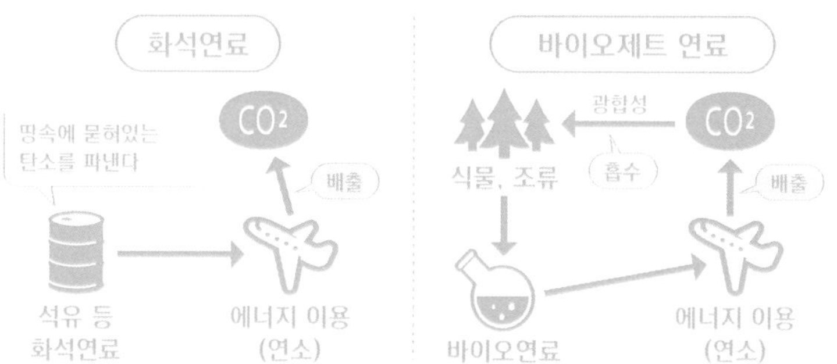

바이오제트 연료는 화석연료와 같이 에너지 이용 시에 CO_2를 배출하지만, 원료가 되는 연두벌레에 포함된 엽록소가 광합성 시에 CO_2를 흡수하기 때문에 배출량은 상쇄되어「탄소중립(Carbon Neutral)」이 된다고 간주.

유글레나 ESG 경영에 관한 중요 과제

- 환경부담 감소
- 지속가능한 상품 공급 실현
- 다양한 동료가 일하기 좋은 직장 마련
- 이해관계자 참여
- 경영기반 강화

출처: 유글레나 홈페이지

핵심 요약

- ☐ 차세대를 겨냥한 상품을 개발하지 않으면 시대에 뒤떨어짐
- ☐ 국제규격 인증을 조기에 획득하면서 비즈니스 기회가 커짐

사례 ③「카오」의 ESG 전략 「Kirei Lifestyle Plan」이란

국내외 높은 ESG 평가를 받고 있는「카오(花王)」ESG 전략

생활용품 대기업인「카오」는 적극적인 ESG 활동으로 국내외에서 높은 평가를 받고 있는 일본의 ESG 선도 기업입니다 .

최근 일본의 TOP 기업은 장기적으로 시장 환경의 변화를 예측하면서 상품이나 비즈니스 모델을 고려한 경영으로 변화하고 있습니다 . 카오도 2030 년까지 달성을 목표로 하는 SDGs 에 어떻게 공헌할지 , 그리고 지속가능성을 요구하는 소비자의 요구에 어떻게 대응할지라는 관점에서 2030 년을 내다보며 중장기적으로 ESG 경영을 실천하고 있습니다 .

다양한 사회적 과제가 소비자 요구에 변화를 미치는 가운데 카오는 소비자가 요구하는 지속가능한 생활을「Kirei Lifestyle」로 정의하고 , 그것을 실현하기 위한 ESG 전략「Kirei Lifestyle Plan(KLP)」(오른쪽 페이지 참조) 을 계획하고 있습니다 . 그 내용은 환경이나 사회에 관한 2030 년까지 실현하고 싶은 3 개의 COMMITMENT 와 그것을 실현하기 위한 ACTION, 그리고 GOVERNANCE 의 지침이 되는「정도 (바른길) 를 걷다」로 구성되어 있습니다 . KLP 는 모든 사업활동과 ESG 과제의 해결이 연결되도록 설계되어 있고 그 내용은 다방면에 걸쳐 있습니다 . 홈페이지와 2021 년 5 월에 공표한「카오 Sustainability Data Book」을 보면 , ' 이렇게까지 하지 않으면 안 되는 것인가 ' 라고 생각될 정도로 사업활동에 ESG 를 철저하게 포함시키고 있는 것을 알 수 있습니다 . 테마별로 목표에 대해 진척상황도 공표 (일부는 2022 년 공표 예정) 하고 있으며 , 그 측정 방법도 설명해 주고 있습니다 .

글로벌 기업에서는 카오와 같은 활동은 당연해지고 있기 때문에 일본기업이 지향하는 나침반으로써 참고할 만 합니다 .

카오의 ESG 전략 개요

기업개요

- 회사명 : 카오(Kao, 花王)
- 매출액 (2020년12년기준) : 13조8,200억원
- 본사 : 도쿄 중앙구
- 사업내용 : 가정용 생활용품, 화장품, 식품 제조 및 판매 등

카오의 ESG 전략 「Kirei Lifestyle Plan」

이 모든 항목에 대해 회사 홈페이지에서 상세한 정보를 제공하고 있음!

My Kirei Lifestyle

	편안한 삶을 나답게 누리기 위하여	배려있는 선택으로 사회를 위하여	보다 건강한 지구를 위하여
2030년 카오의 약속 Commitment	2030년까지 전 세계 사람들 중 우선은 10억 명을 목표로 보다 여유 있는 생활을 공헌할 것임. 보다 청결, 건강, 안심하며 나이들고도 자신답게 살 수 있도록	2023년까지 보다 활력과 배려가 있는 사회 실현을 위해서, 모든 카오 브랜드가 작지만 의미 있는 선택을 소비자가 할 수 있도록 제안함	2030년까지 모든 카오 제품이 전 라이프 사이클에서 과학적으로 지구가 허용할 수 있는 범위 내의 환경 Foot Print(탄소발자국)가 되도록 함
카오의 실천 Action	• QOL의 향상 • 청결하고 아름답고 건강한 습관 • 유니버설 제품 디자인 • 더 안전하고 보다 건강한 제품	• 지속가능한 라이프스타일 추구 • 목적 지향 브랜드 • 삶을 바꾸는 제품 이노베이션 • 책임있는 원료 조달	• 탈탄소 • 쓰레기 제로 • 물 보전 • 대기 및 수질 오염 방지
정도를 걷다 Governance	실효성 있는 기업 지배구조 / 철저한 투명성 / 인권 존중 / 인재 개발 / 수용성과 다양성 있는 직장 / 사원들의 건강 증진과 안전 / 책임지는 화학 물질 관리		

출처: 카오 홈페이지

핵심 요약

- ☐ 카오 ESG 전략은 장기 지향적 경영을 고려하는 모범을 보임
- ☐ 카오과 같은 ESG 실천은 글로벌 기업에서는 당연한 일임

사례 ④ 행동주의 주주를 사외이사로 선임한 「올림푸스」

거버넌스 강화를 위해 '행동주의 주주'를 사외이사로

일정 수 이상의 주식을 보유해서 투자대상 기업에 경영 전략 등을 제안하고 기업가치를 높인 후 주식을 매각해 이익을 얻는 투자 펀드 등 소위 행동주의 주주 (액티비스트) 는 일반적으로 기업에게 귀찮은 존재로 여겨지곤 했습니다 . 왜냐하면 자신의 이익을 위해서 기업의 경영진에게 적대적인 요구를 들이대거나 주식을 매점하여 기업을 빼앗은 사례가 적지 않았기 때문입니다 .

그러나 2019 년 1 월 광학 , 전자기기 제조사인 올림푸스가 액티비스트로 여겨지던 주식 5% 를 보유하던 미국의 투자회사 VALUE ACT CAPITAL (이하 VAC) 로부터 사외이사를 영입하면서 큰 화제가 되었습니다 .

그 목적은 외부 의견을 받아들임으로써 이사회의 다양성을 높여 기업체질의 변혁을 추진하는 것에 있었습니다 .

VAC 가 보낸 사외이사는 올림푸스가 주력하는 헬스케어 분야에 식견이 있는 인물이었습니다 . 이사회에서는 객관적 관점으로 엄격한 지적을 하면서 단기 이익을 추구하기 위한 세세한 간섭은 하지 않은 결과 , 논의가 명확하고 활발하게 이루어져 경영에 대한 모니터링 기능 강화 등 큰 효과를 얻었다고 합니다 .

그 후 지금까지 쉽게 결단하지 못했던 경영의 족쇄가 되었던 디지털 카메라를 중심으로 하는 영상사업의 매각을 결정하고 소화기 내시경을 비롯한 내시경 사업 , 성장이 현저한 치료기기 사업을 중심으로 한 「선택과 집중」 을 추진했습니다 . 그 결과 2021 년 3 월 영업이익은 영상사업을 매각하기 전 3 배 이상이 되었습니다 .

행동주의 주주를 사외이사로 사업 재편을 단행한 올림푸스

기업개요

회사명 : 올림푸스
매출액 (2021년3월기준) : 7조3,054억원
본사 : 도쿄 신주쿠
사업내용 : 정밀기계기구 제조판매

▶ 올림푸스 이사 구성(2021년 5월말 현재)

▶ 올림푸스 사업 재편 전후의 매출액 및 영업이익

2019년3월기준(억원)

전사	매출액	79,390
	영업이익	2,830
의료사업	매출액	63,430
	영업이익	11,190
과학사업	매출액	10,420
	영업이익	810
영상사업	매출액	4,870
	영업이익	-1,830

2021년3월기준(억원)

전사	매출액	73,050
	영업이익	8,200
내시경사업	매출액	41,950
	영업이익	10,470
치료기기사업	매출액	20,600
	영업이익	2,460
과학사업	매출액	9,590
	영업이익	490

출처: 올림푸스 자료

핵심요약

- ☐ 행동주의 주주를 사외이사로 하는 경우는 드물었음
- ☐ 이사회에 외부의 엄격한 시선을 받아들이는 것은 중요

사례 ⑤ ESG 목표와 연동된 회사채로 자금을 조달한 「휴릭」

목표 미달의 경우 투자자에게 추가 이자를 지불합니다

2020 년 10 월 15 일 부동산 대기업 휴릭은 일본 최초로 지속가능성연계채권 (Sustainability-Linked Bond, SLB) 을 발행하여 주목을 받았습니다 . SLB 란 ESG 목표와 발행 조건이 연동하는 채권으로 , 채권 발행자 (휴릭) 가 지속가능성에 관한 성과목표 SPTs (128 페이지) 를 설정하여 , 그 달성 상황에 따라 발행 조건이 바뀌는 것이 특징입니다 . 휴릭은 SLB 발행에 있어 2 개의 SPTs 를 설정하여 어느 한쪽이라도 달성하지 못한 경우 투자자에게 지급하는 이자율을 0.1% 추가하는 (쿠폰스텝업) 조건을 붙였습니다 . 2 개의 SPTs 는 지속가능성을 중요시한 2020 년을 시작하는 해로 정하고 10 년간의 중장기 경영계획에 근거한 것입니다 .

SLB 를 발행하는 최대 목적은 자금 조달입니다 . 그렇다면 통상적인 회사채를 발행해도 괜찮겠지만 굳이 SLB 로 자금을 조달하는 것은 분명 장점이 있기 때문입니다 .

우선 ESG 목표를 공표함으로써 지속가능성을 대하는 자세를 보여줄 수 있어 투자자로부터 신뢰를 얻을 수 있는 효과를 기대할 수 있습니다 . 실제로 ESG 투자에 주력하는 대형 자산운용사 , 대형 생명보험사 , 신용조합 및 신용금고 등이 이 SLB 에 투자하였습니다 .

또한 설정한 목표를 달성하지 못하면 추가 비용을 지불해야 하는 조건을 스스로에게 부과함으로써 , 추가 비용을 피하고 싶은 동기를 목표 달성을 위한 각오로 바꾸고 있다고도 할 수 있습니다 .

휴릭은 채권 발행을 자금 조달을 위한 수단뿐 아니라 회사내의 ESG 활동을 가속화하는데도 활용한 것입니다 .

휴릭이 발행한 지속가능성연계채권(SLB)

기업개요

회사명 : 휴릭
매출액 (2020년12년 기준) : 9,149억원
본사 : 도쿄 중앙구
사업내용 : 부동산 소유·임대·매매 및 중개업무

▶ 지속가능성연계채권 : 서스테너빌리티·링크·본드(SLB)란

SLB | Sustainability-Linked Bond
지속가능성연계채권

발행 주체가 사전에 설정한 지속가능성/ESG 목표의 달성 상황에 따라 조건이 변화할 가능성이 있는 채권을 말함. 환경 대책에 관련한 사업에 용도가 한정되는 '그린 본드'나 사회적 과제의 해결에 관계하는 사업으로 용도가 한정되는 '소셜 본드'와는 달리 자금의 용도에 제한은 없음.

▶ 휴릭이 발행한 SLB의 개요

휴릭 주식회사 제10회 무담보채권(채권간한정동순위특약부) (지속가능성연계채권 Sustainability-Linked Bond)			
발행연한	10년	발행액	1,000억원
발행조건과 연동하는 SPTs	① 2025년까지 사업 활동에서 소비하는 전력을 100% 재생가능 에너지로 하는 'RE100'을 달성 ② 2025년까지 긴자 8번가 개발계획에 일본 최초로 내화 목조 12층 상업시설을 준공		
이율	• 2020년 10월 15일 다음날부터 2026년 10월 15일까지는 연 0.44% • 2026년 10월 15일 다음날 이후에는 2026년 8월 31일 발행조건과 연동되는 SPTs 중 하나가 미달될 경우 0.10% 쿠폰 스텝업 발생		
조건결정일	2020년10월9일	발행일	2020년10월15일
상환일	2030년10월15일	취득신용평가	A+ (일본신용평가연구소)

핵심 요약

- ☐ ESG 목표와 발행 조건이 연동되는 회사채가 「SLB」
- ☐ SLB는 사내 ESG 활동의 적극성을 향상시킴

사례 ⑥ 지속가능성에 매진하는 의류 대기업「인디텍스」

철저한 ESG 대응으로 지속가능성을 추구하는 의류계의 모범

'ZARA' 로 알려진 스페인의 인디텍스는 의류업계에서도 ESG 에 모범적인 기업으로 알려져 있으며 " 그 시점에서 소비자가 받아들이지 않더라도 올바른 일은 망설이지 않고 하겠다 " 라는 강력한 의지 아래 다양한 ESG 활동을 독자적인 접근법으로 시행하고 있는 것으로 알려져 있습니다 . 인디텍스의 수치화한 목표는 세계 각국 정부가 설정하는 환경목표보다 더 엄격한 것이 많을 정도입니다 .

대량의 재고 폐기가 문제되는 의류업계에서 폐기량 감축에 주력하여 폐기율을 '0' 에 가깝게 했을 뿐만 아니라 , 배송에 사용되는 상자는 모두 재생 골판지로 , 봉지 또한 비닐에서 종이 소재로 전환하고 있습니다 . 전 세계 점포에 헌옷을 회수하는 컨테이너를 설치하고 스페인 국내나 중국 상해 등 일부 도시에서는 통신 판매로 구입한 사람을 대상으로 자택 수거 서비스도 실시하며 회수한 헌옷은 적십자나 비영리단체를 통하여 기부 또는 재활용되고 있습니다 .

당연한 일이지만 인디텍스의 ESG 대응은 제품 관련 항목에만 머무르지 않고 있습니다 . 2025 년까지 본사 등 오피스나 배송 센터 , 전 세계의 모든 점포 (2020 년 1 월말 현재 6,829 점포) 등 인디텍스 전체의 사용 에너지의 80% 를 재생 에너지화할 예정입니다 . 점포의 조명 시스템은 본사에서 감시할 수 있으며 기타 에너지 효율을 측정하는 소프트웨어를 도입하여「시각화」도 실현하고 있습니다 .

보수제도에 있어서도 지속가능성 성취도가 반영되는 구조를 도입하는 등 철저한 ESG 대응을 통해 투자자나 소비자의 요구 수준을 오히려 앞서고 있으며 이러한 자세는 이해관계자들 사이에서 높게 평가되고 있습니다 .

인디텍스의 지속가능한 목표

기업개요

회사명 : 인디텍스
매출액 (2021년3월기준) : 204.02억 유로(약 26조5,000억원)
본사 : 스페인 아르테익소
사업내용 : 의류품 등 제조·판매

인디텍스 지속가능성에 관한 5가지 약속

Sustainability

- 공급망의 지속가능성
- 재생가능 에너지 사용
- 지속가능한 원단으로의 전환
- 환경효율이 높은 점포로 전환
- 폐기물 제로 / 리사이클 정책

회사가 설정한 2020년 목표와 결과

- 100% 점포를 에코샵으로 전환 《달성》
- 100% 점포에 사용한 의류품 컨테이너 설치 《달성》
- 「JOIN LIFE」 라벨이 부착된 의류를 25% 이상으로 《35%》
- 산림 인증을 받은 섬유를 100% 사용 《달성》
- 모든 산하 브랜드에서 비닐봉투 폐지 《달성》
- 섬유제품 제조 시 화학물질을 적정 관리할 것을 목적으로 한 「ZDHC(유해화학물질 제로배출협회)」에 목표 달성 약속 《달성》
- 자체 설비 에너지의 65%를 재생가능 에너지로 《80%》

2023년까지 달성을 향해 희망찬 목표(설비부터 폐기물 제로 등)를 내걸고 지속가능성 중시 전략을 추진!

핵심 요약

☐ 소비자보다 더 앞선 ESG 대응으로 높은 평가를 얻고 있음
☐ 전체 사업 활동에서 「지속가능성」을 의식한 경영을 실시

사례 ⑦ 폭넓은 시야로 ESG 활동을 하는「스타벅스」

적극적인 ESG 실천 자세가 소비자의 공감을 얻습니다

전 세계 90 개 국가와 지역에서 32,943 개 점포 , 일본에서는 1,640 개 점포 (2021 년 3 월말 현재) 로 확장하고 있는 스타벅스는 신속하게 ESG 에 주력해 온 기업으로서 잘 알려져 있습니다 .

환경부담 경감을 위해 세계적인 규모로 매년 추계 10 억개나 사용되고 있던 플라스틱 빨대를 2020 년 말까지 모두 폐기한 것은 큰 화제가 되었습니다 . 이 밖에도 My Bottle 활동 장려나 환경을 배려한 점포 개점 등 환경부담 경감을 중시하는 활동 전개로 소비자로부터도 높게 평가를 받고 있습니다 .

스타벅스는 수십 년 전부터 ' 영리기업으로서의 역할과 사람과 지구의 더 나은 미래와의 균형 맞추기 ' 에 중점을 둘 것을 선언하고 있었습니다 . 오른쪽 페이지에 나와 있듯이 스타벅스의 활동을 보면 , 조급해져서 당장 ESG 에 " 대응하자 " 고 하는 일본 기업보다 훨씬 넓은 시야를 가지고 ESG 를 추진하고 있는 것을 알 수 있을 것입니다 .

소규모 커피 생산자는 수확 전에 자금 부족으로 바이어 (도매업자) 들에게 부당하게 싼값에 파는 일이 적지 않습니다 . 그래서 스타벅스는 커피 생산자에게 저금리로 융자해 주는 비영리단체에 투자하고 재정적 지원을 계속하고 있습니다 . 구체적인 목표를 내걸고「난민 고용」을 실시하는 것도 일본 기업에서는 거의 볼 수 없는 활동입니다 .

스타벅스는 보다 폭넓게 환경과 사회에 공헌하고 소비자에게도 공감을 얻을 수 있는 활동을 구체적인 목표를 세워 행동에 옮기고 있습니다 . 이러한 활동은 소비자를 비롯한 기업 이해관계자의 로열티를 높이는 것에 크게 기여하고 있습니다 .

스타벅스의 ESG 활동 개요

기업개요

회사명 : 스타벅스
매출액 (2020년9월기준) : 235.18억달러(약25조8,700억원)
본사 : 미국 워싱턴주 시애틀
사업내용 : 커피 스토어 운영, 커피 판매 등

2019년도 ESG 활동 성과와 목표

S 윤리적으로 조달된 커피
99%
목표 100%

E 환경을 고려한 점포수
741점포
목표 2025년까지 전세계에 1만 점포

S 시니어 리더십의 여성 비율
42%
목표 50%

S 난민 고용
2,100명
목표 2022년까지 전세계에서 1만 명 고용

S 소규모 농가에 대한 저금리 융자
4,600만달러
목표 2020년 말까지 5,000만 달러 융자

「이익 추구 = 인간다움을 소중히 하는 사회의 추구」라고 정의하여 지구에도 유익하고 이익도 되는 활동을 실천하고 있음!

출처 : 스타벅스 「2019 스타벅스 글로벌 소셜 임팩트 리포트」

핵심요약

☐ 국내 기업보다 폭넓은 시각으로 ESG 활동을 하고 있음
☐ 타사에 없는 ESG로 소비자 공감을 불러일으키는 선순환 창출

찾아보기 Index

숫자 , A~Z

ㄱㄴ

ㄷㄹㅁㅂ

ㅅㅇ

ㅈ

ㅊㅋ

ㅌㅍ

ㅎ

Original Japanese edition published by Gijutsu-Hyoron Co., Ltd., Tokyo

This Korean language edition published by arrangement with Gijutsu-Hyoron Co., Ltd., Tokyo in care of Tuttle-Mori Agency, Inc., Tokyo through Botong Agency, Seoul.

ESG 101 : 사례와 도해로 이해하는 (모두를 위한 ESG 수업) [개정판]

발 행: 2023년 4월 7일
저 자: 바운드, 감 수: 후마 겐지
역 자: 김효석 , 박윤진 , 윤진수 , 김정곤 , 김성현, 류종기
펴낸이 | 리스크 인텔리전스 경영연구원
출판사등록 | 2020년 3월 6일 (제 973521 호)
주 소 | 서울특별시 송파구 올림픽로 135
전 화 | 010-5086-2436
이메일 | ceo@riskintelligence.kr
ISBN | 979-11-973521-2-6
www.riskreview.kr

※ 책에 나오는 ESG 정보와 사례 중 시의성을 고려해 일부 추가 설명이나 데이터 , 웹사이트 링크를 esg101.kr 에 업데이트 하였으니 참조하시기 바랍니다 .